HAPPY EASTER!

Coloring Book for Kids

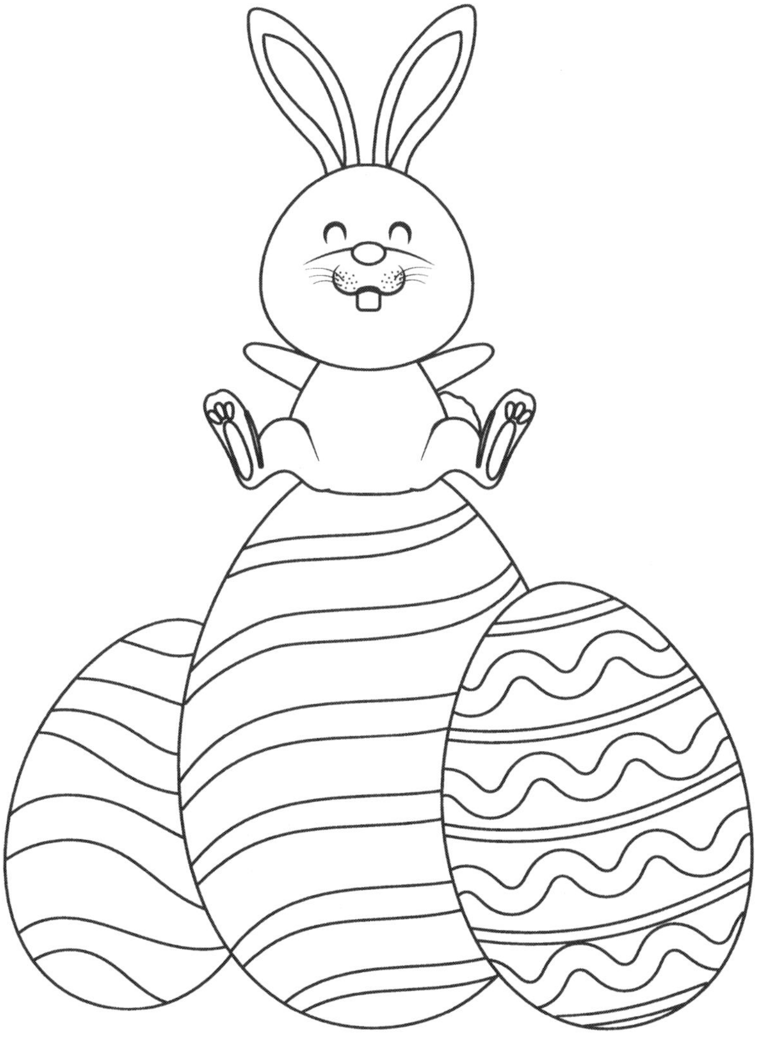

Bunnies, Eggs and Friends

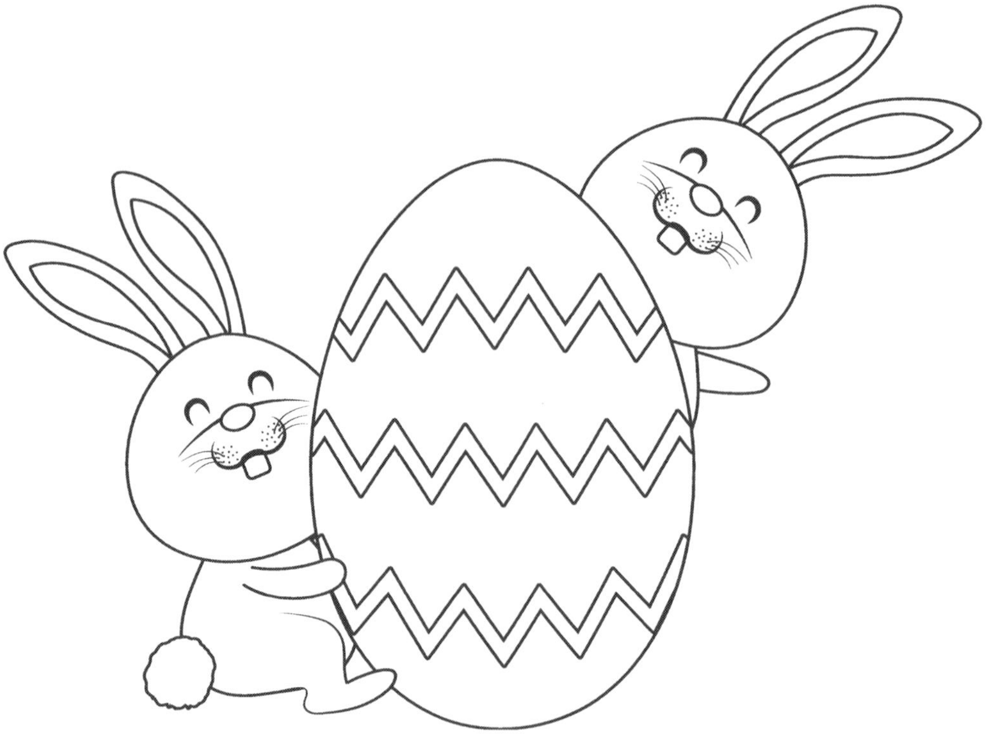

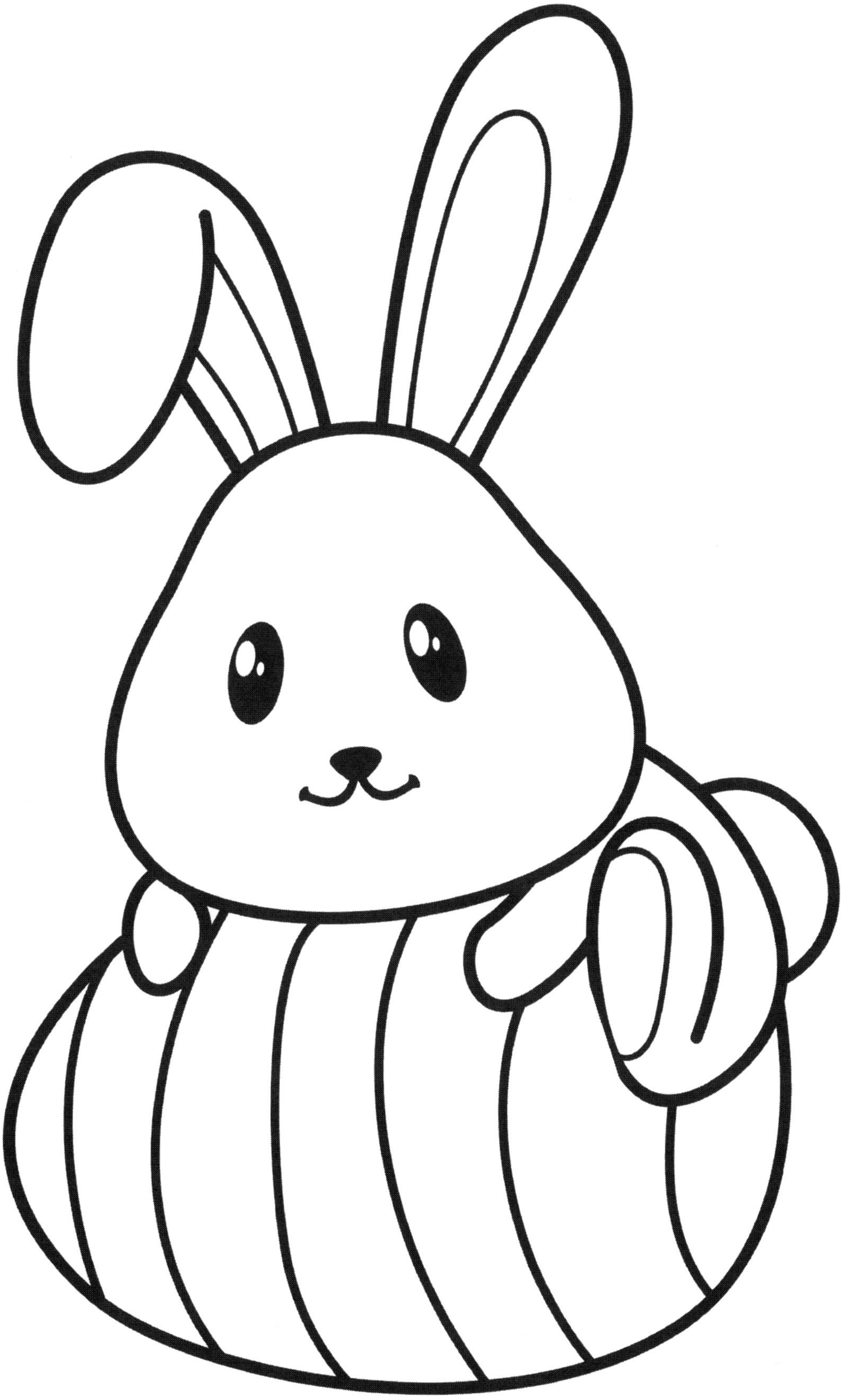

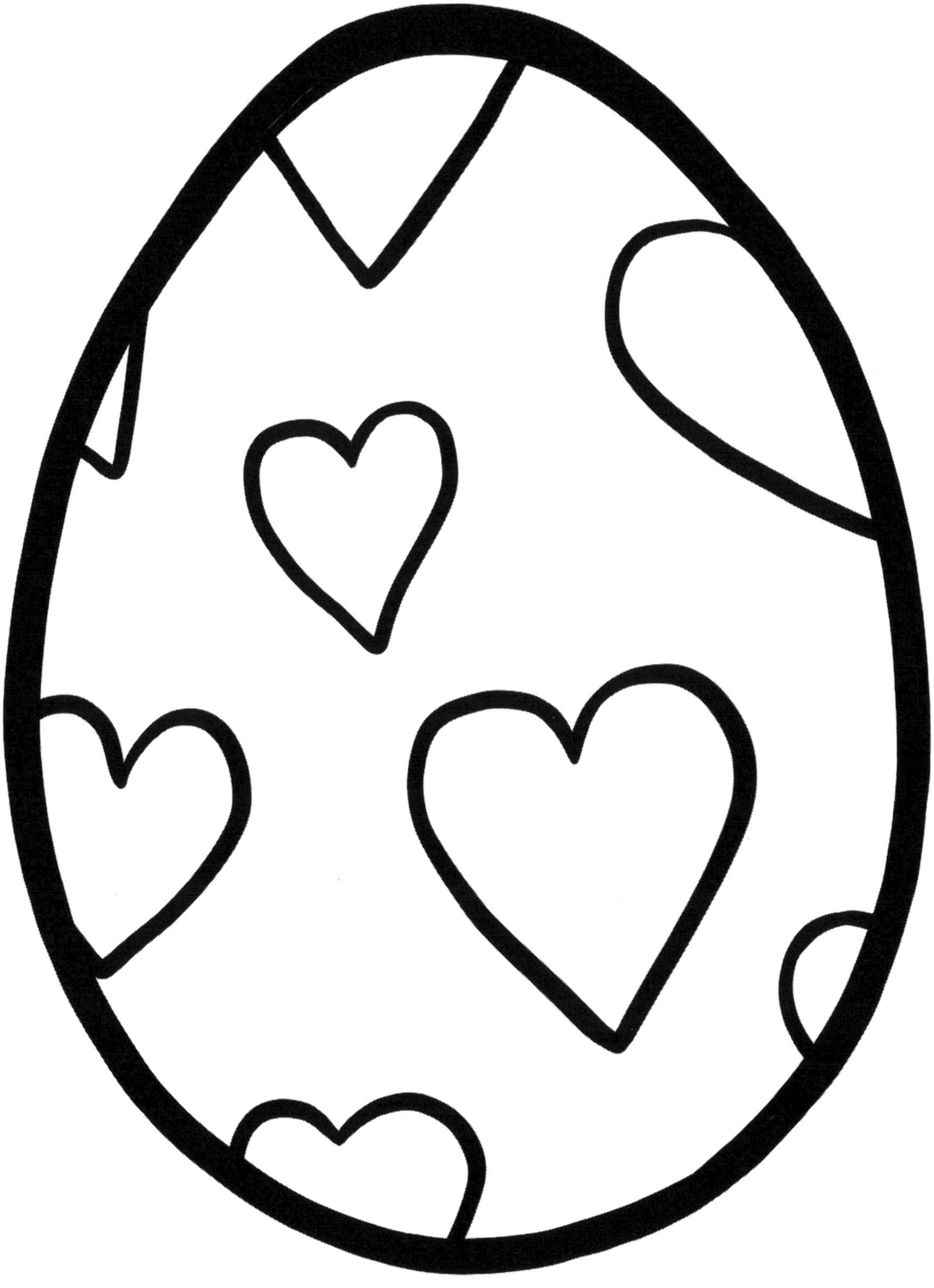

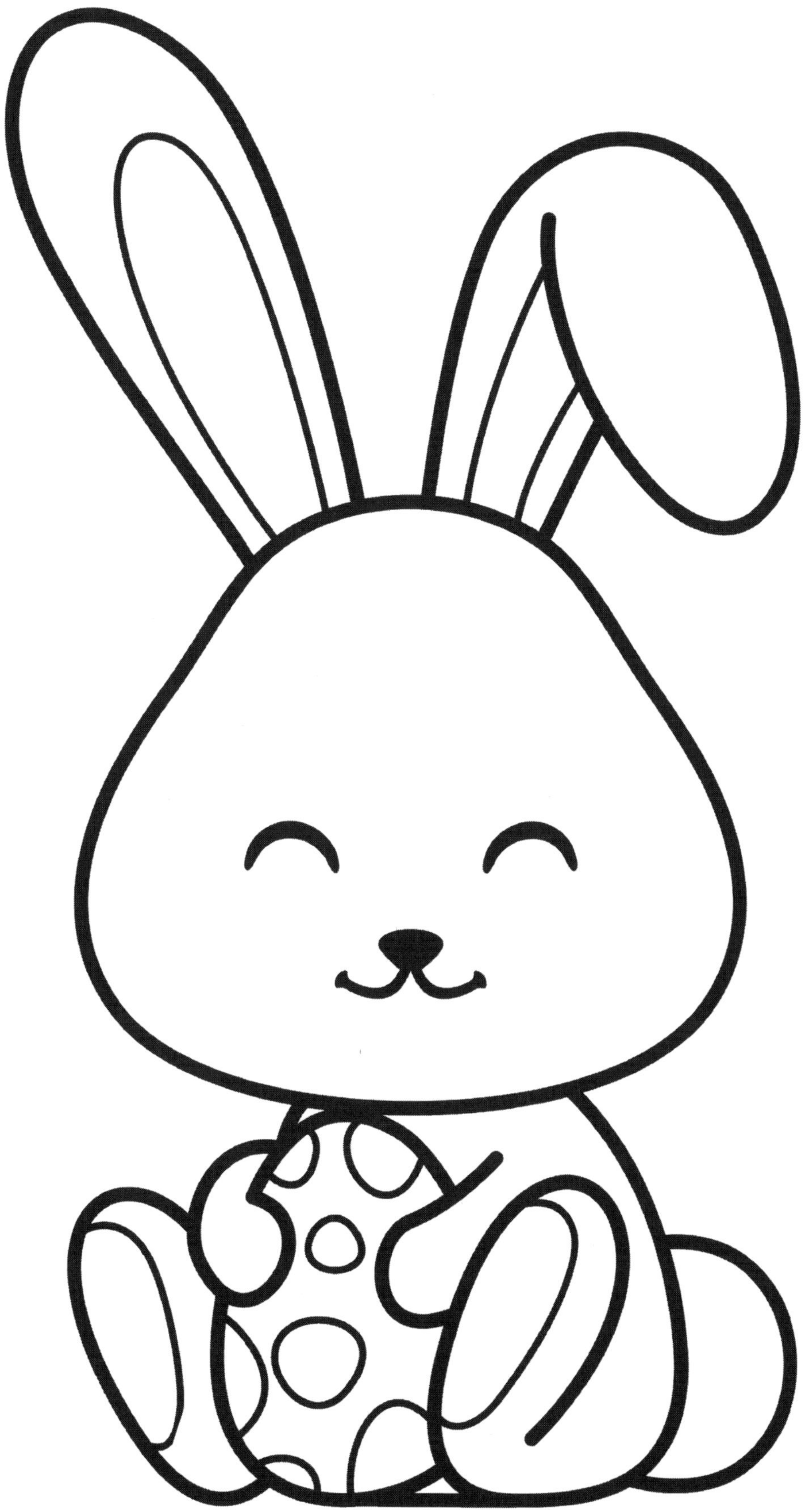

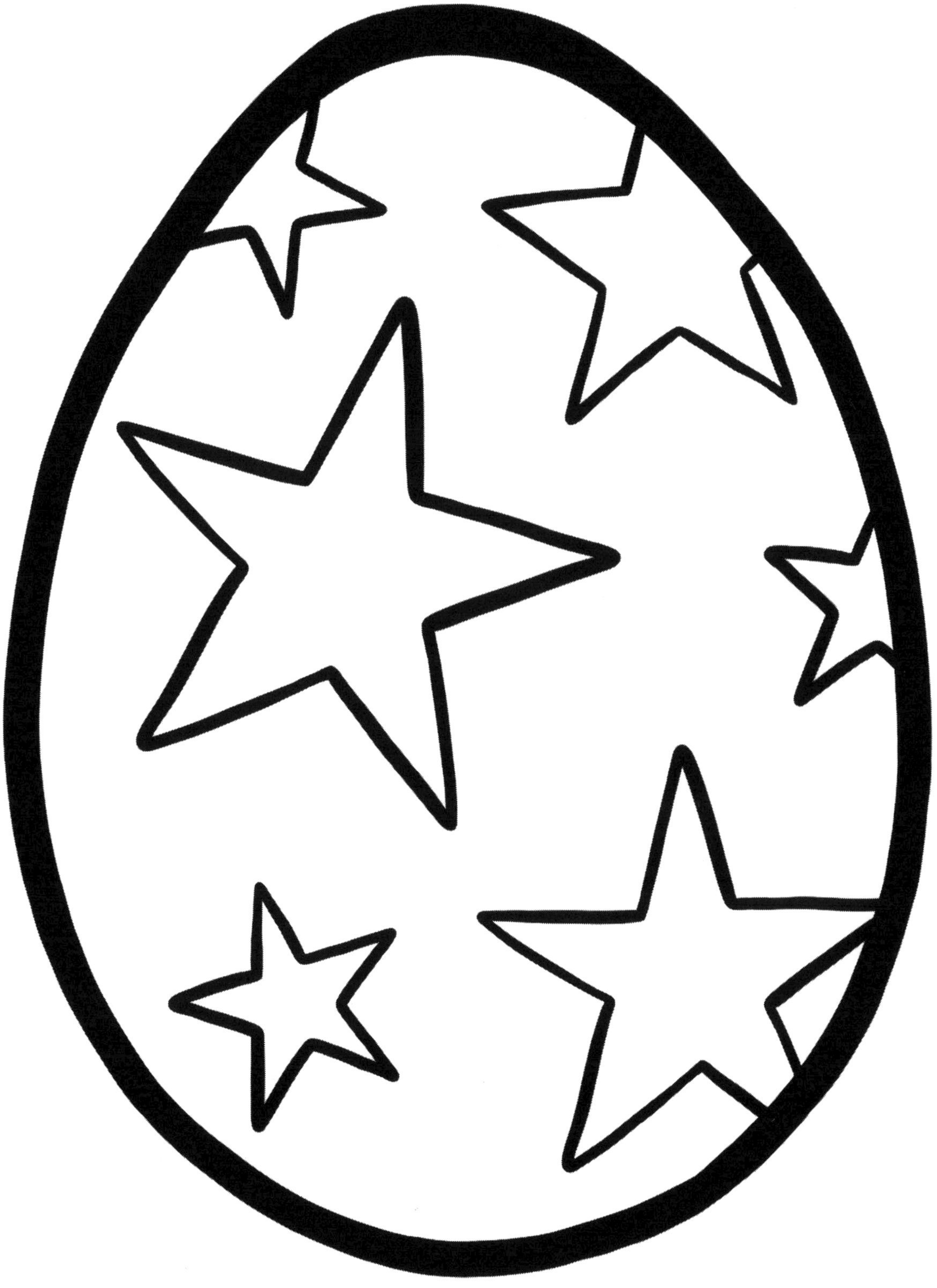

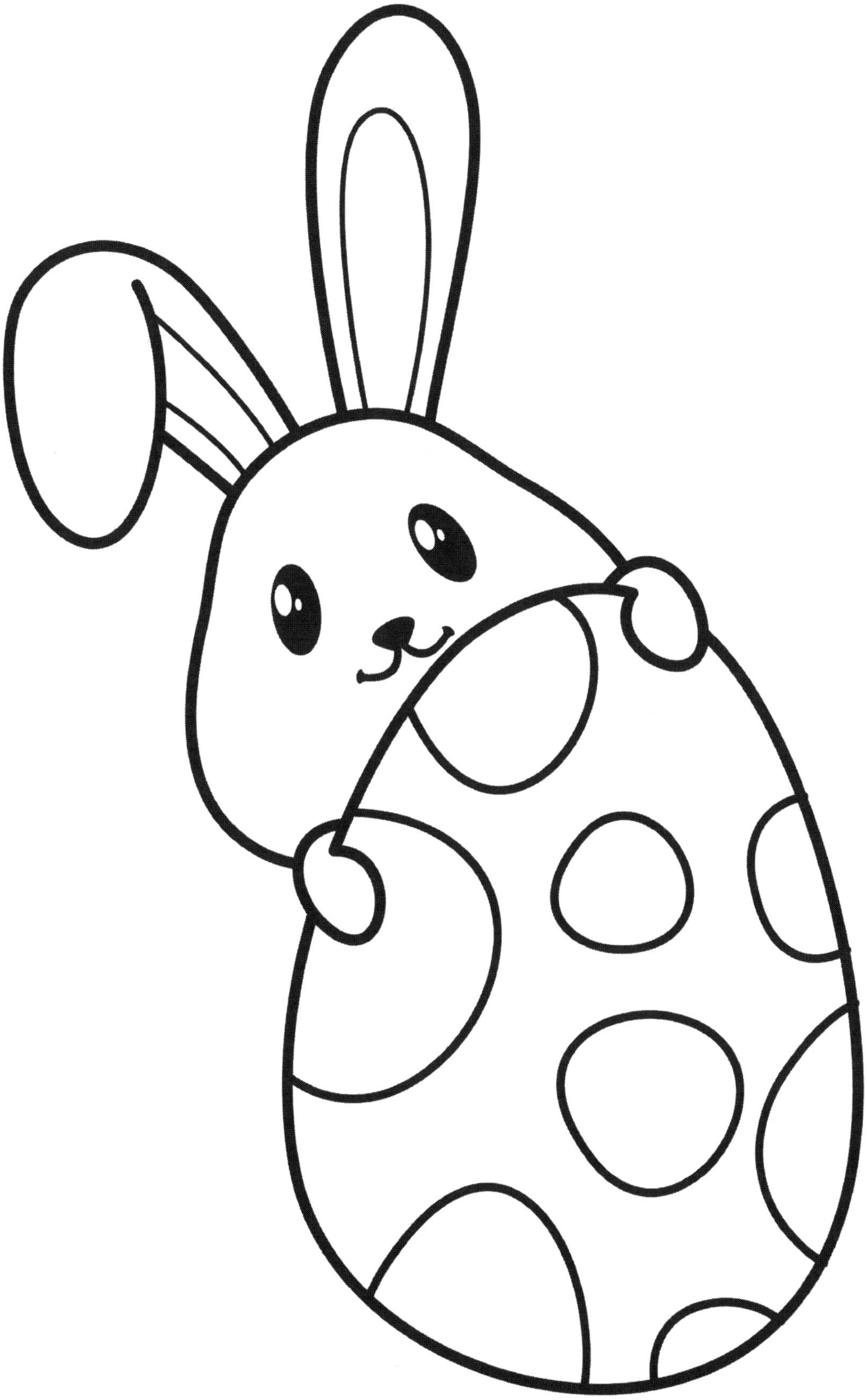

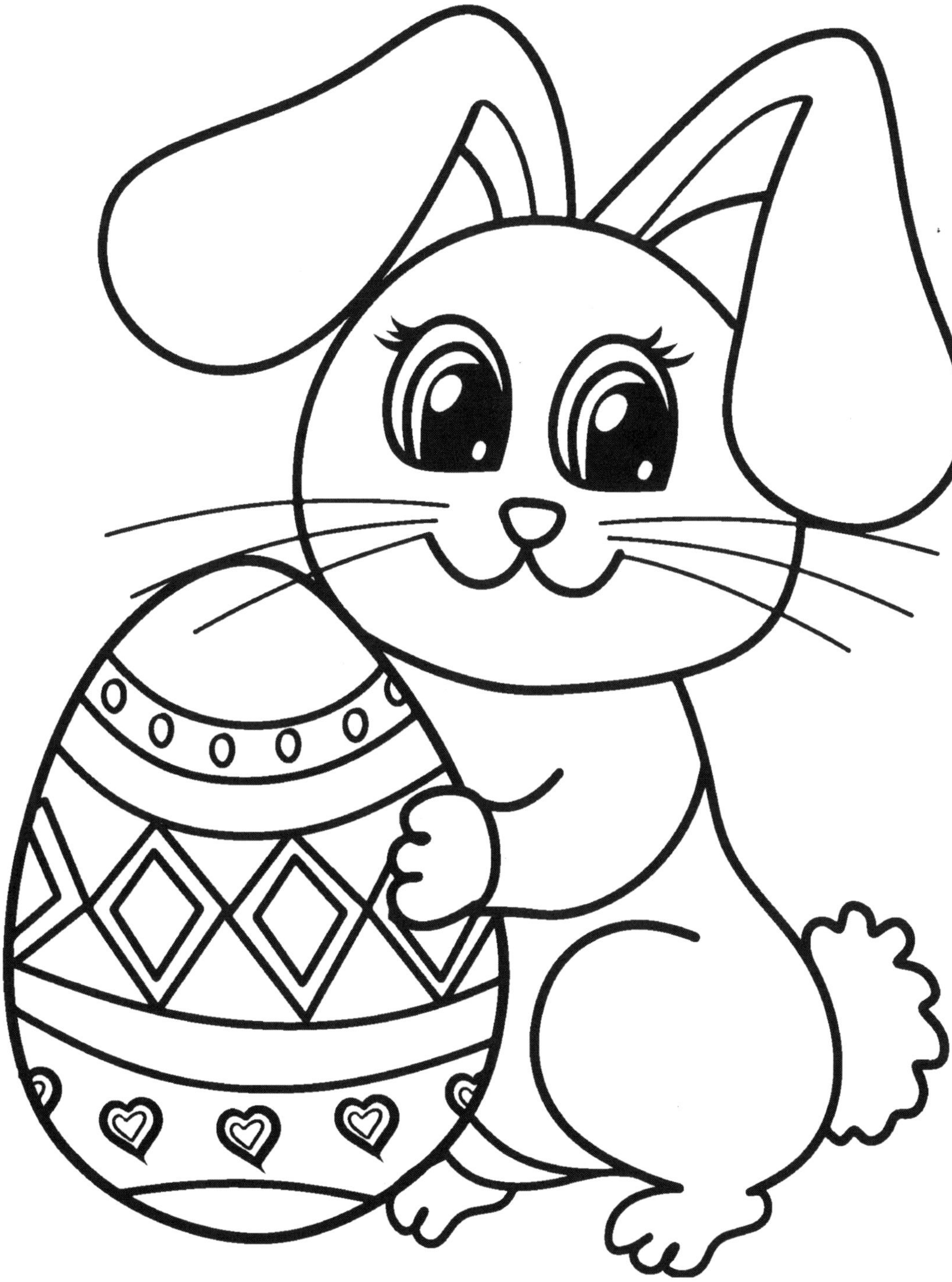

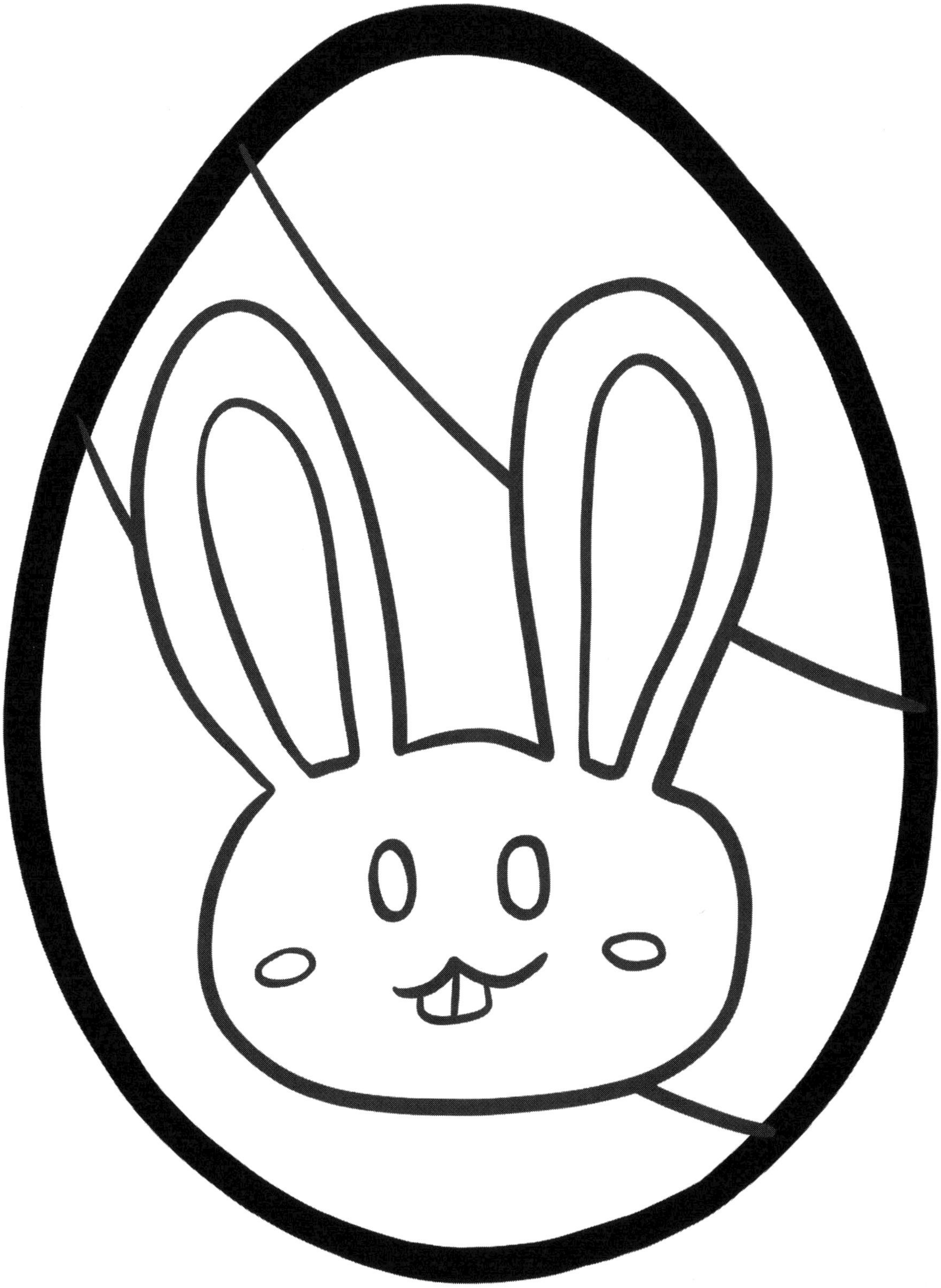

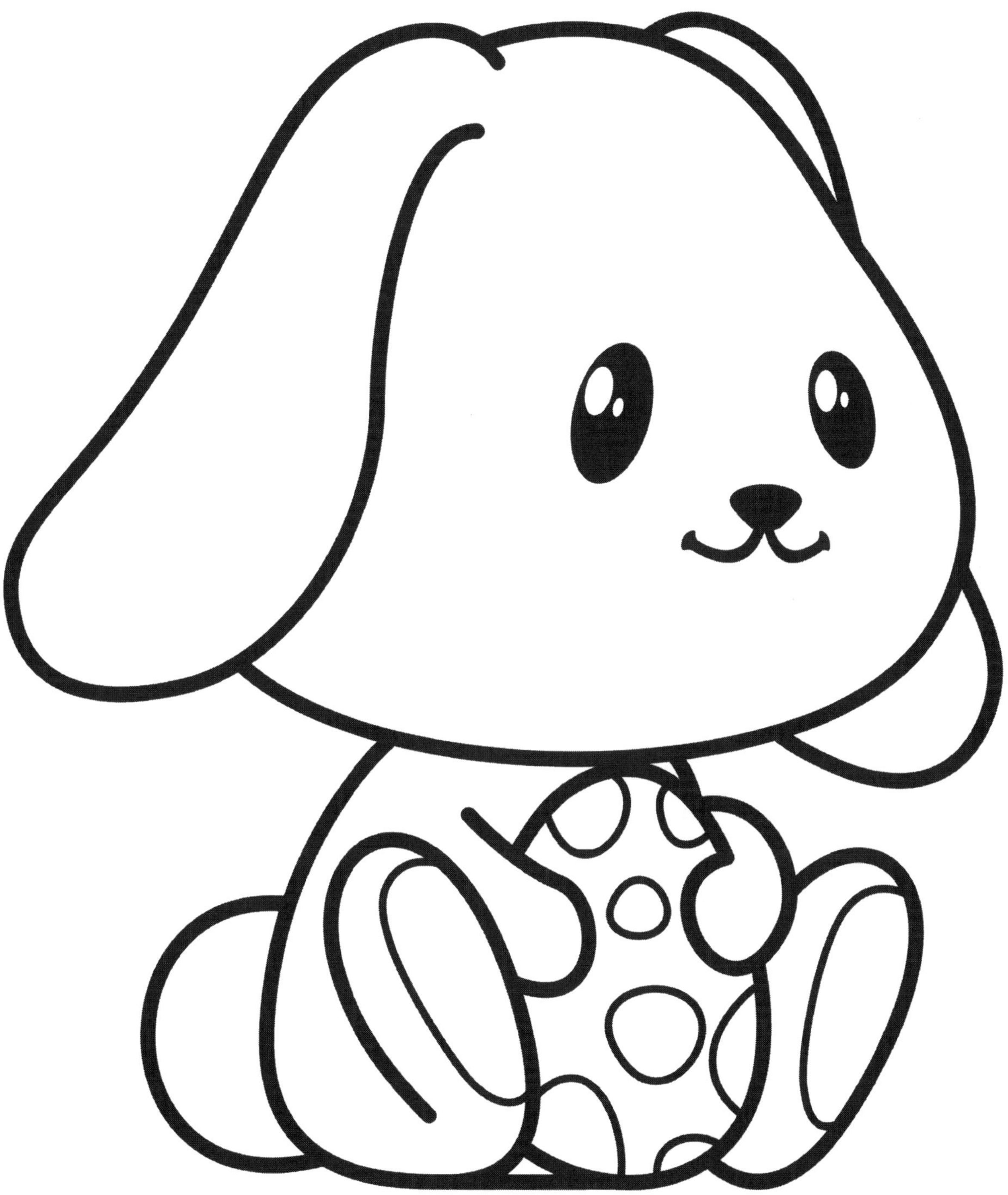

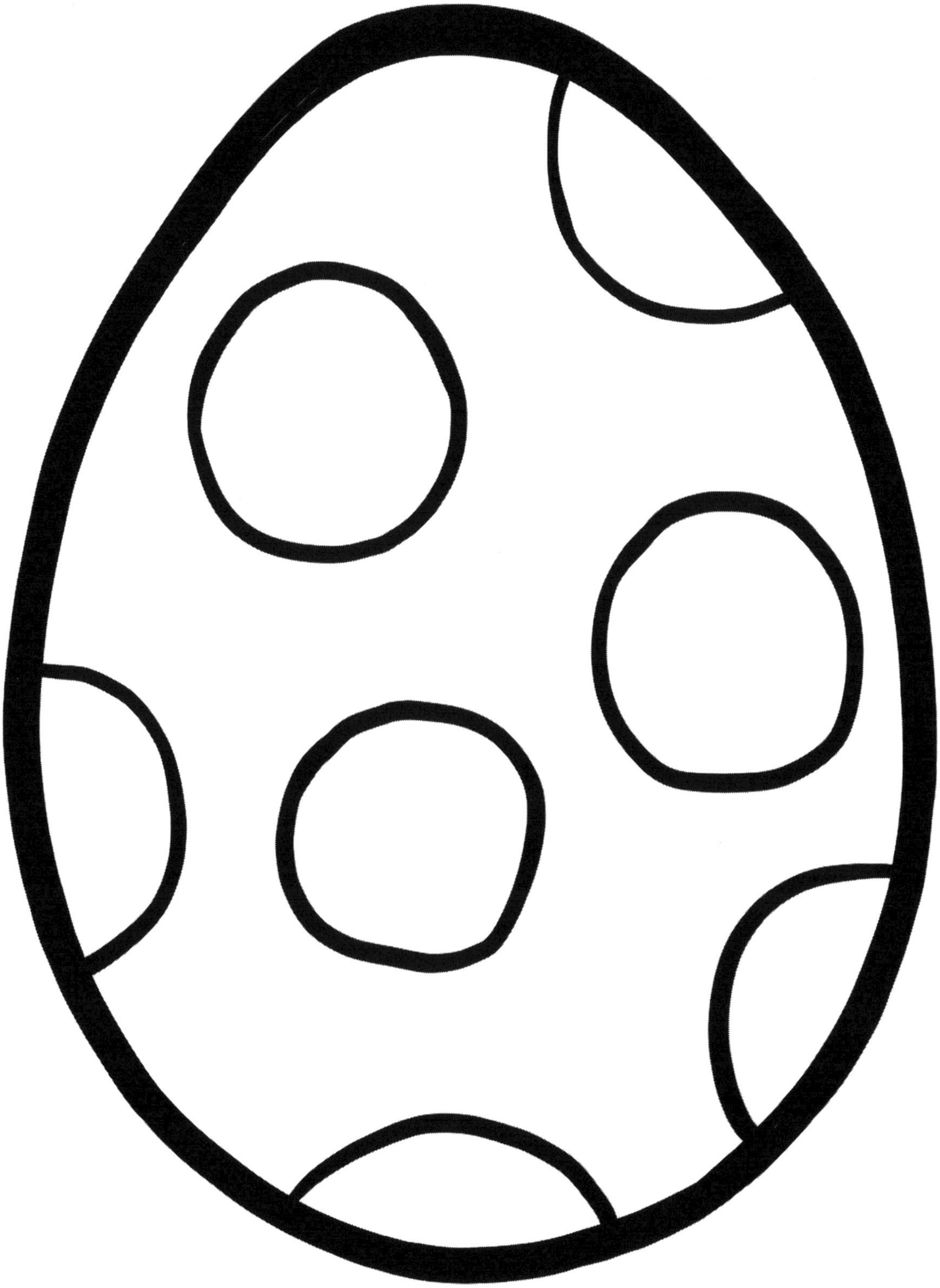

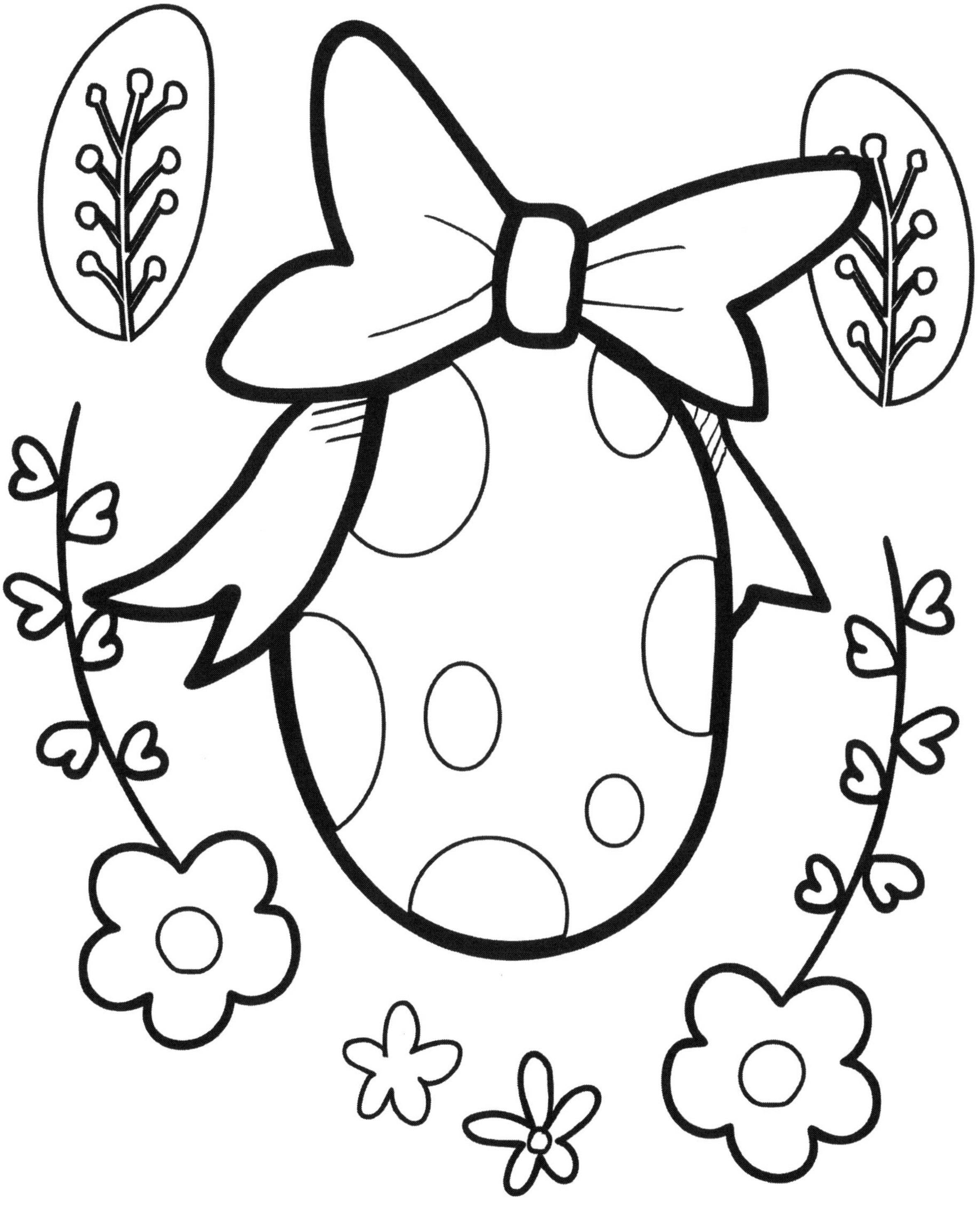

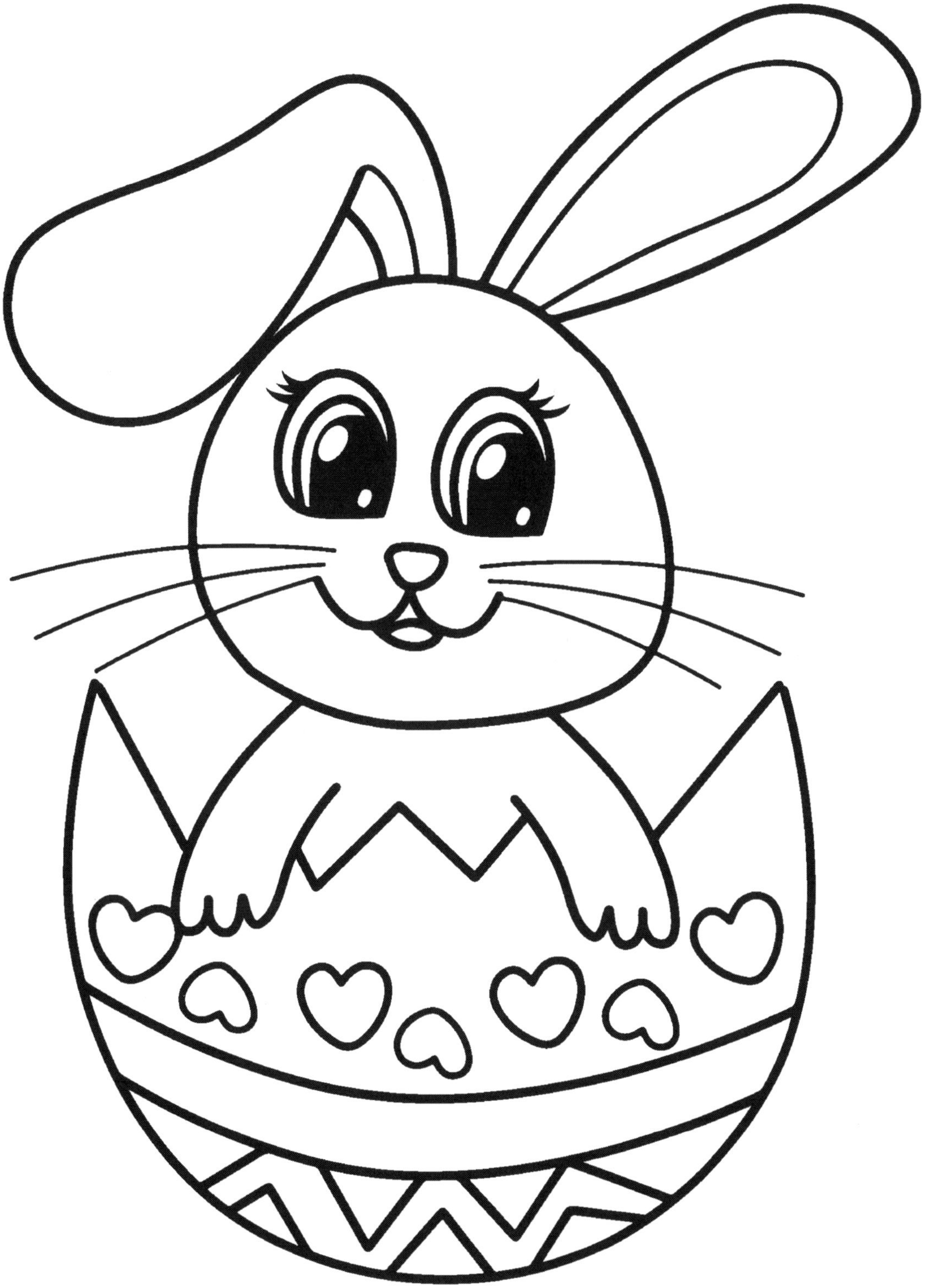

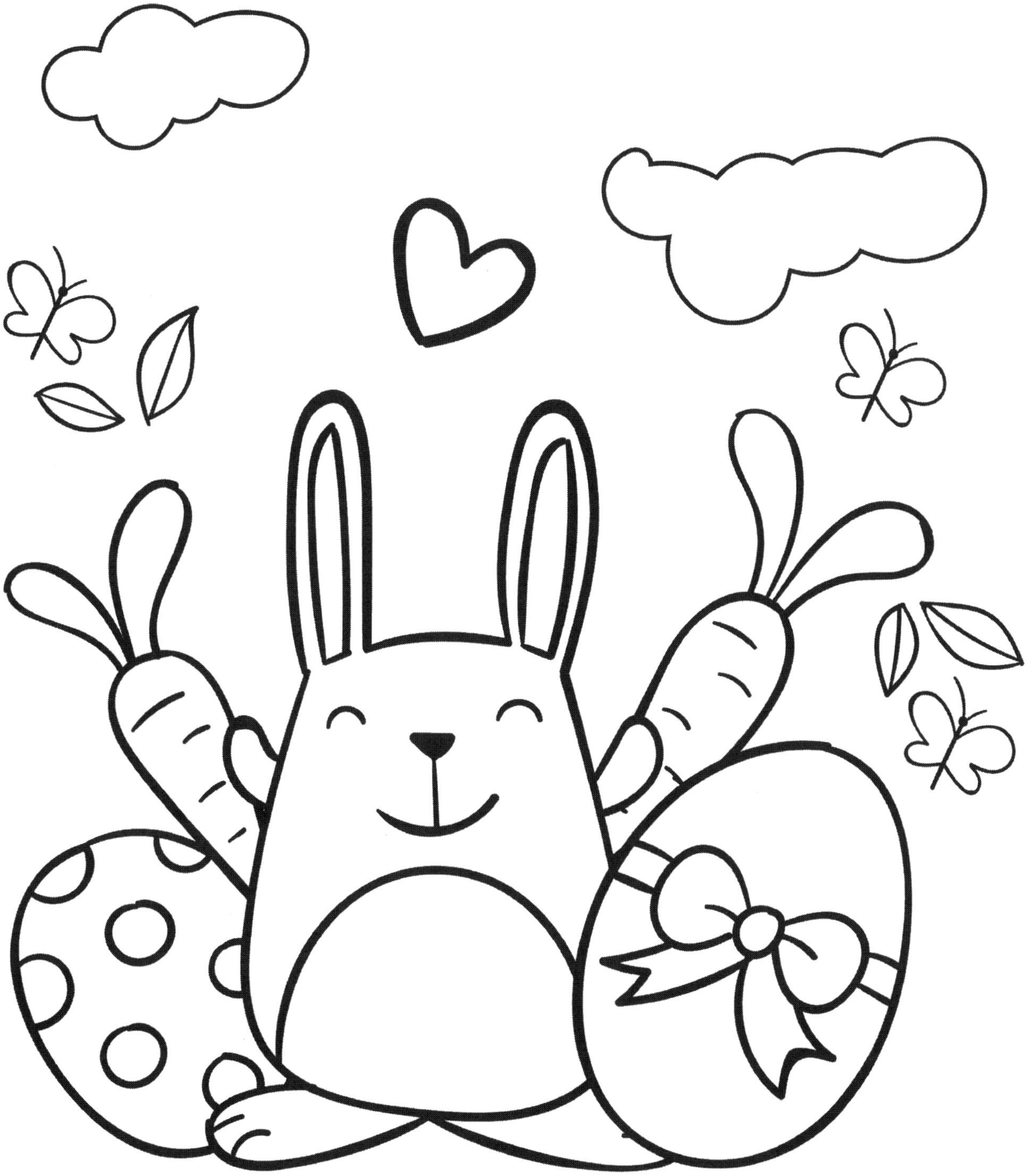

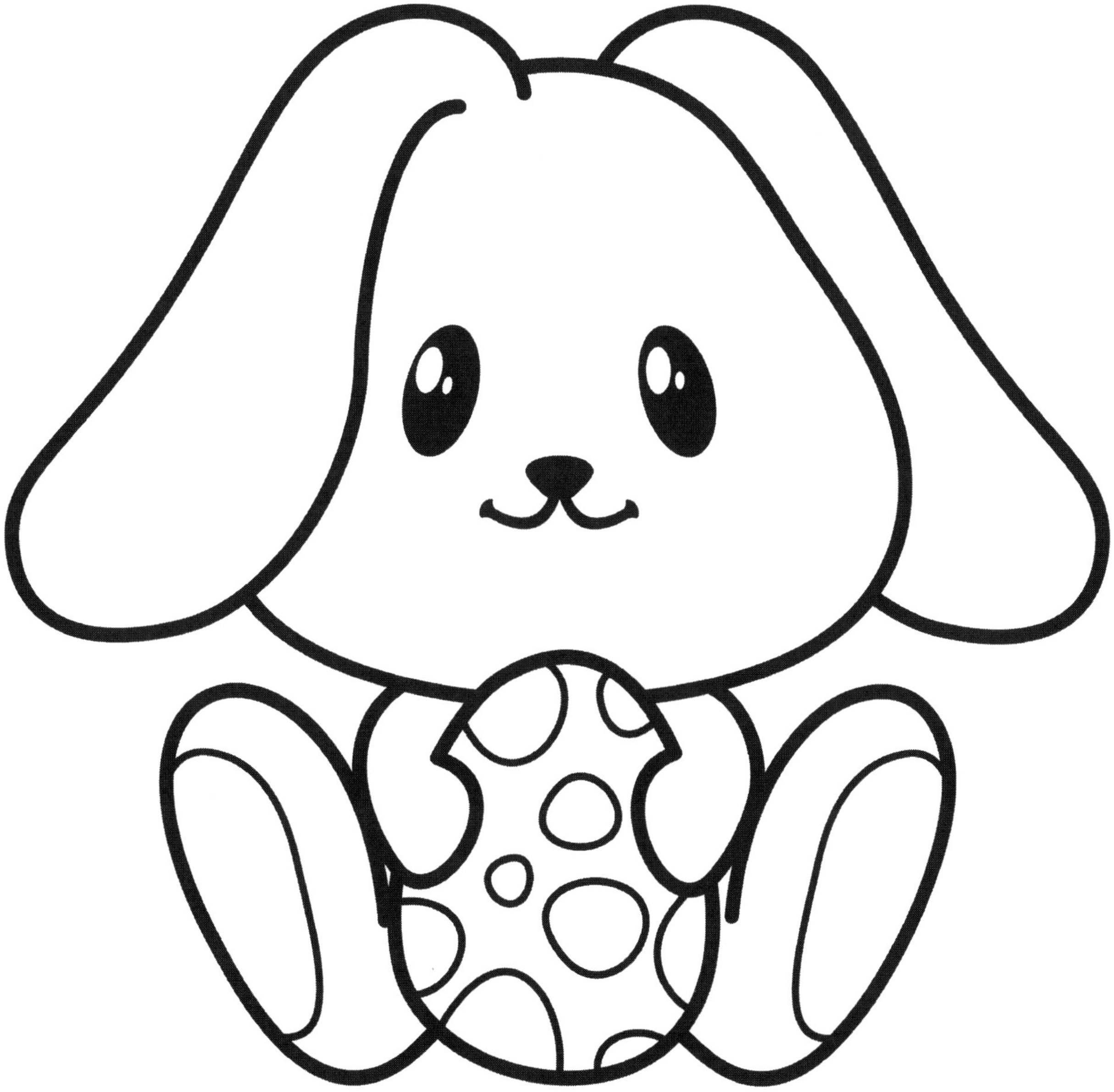

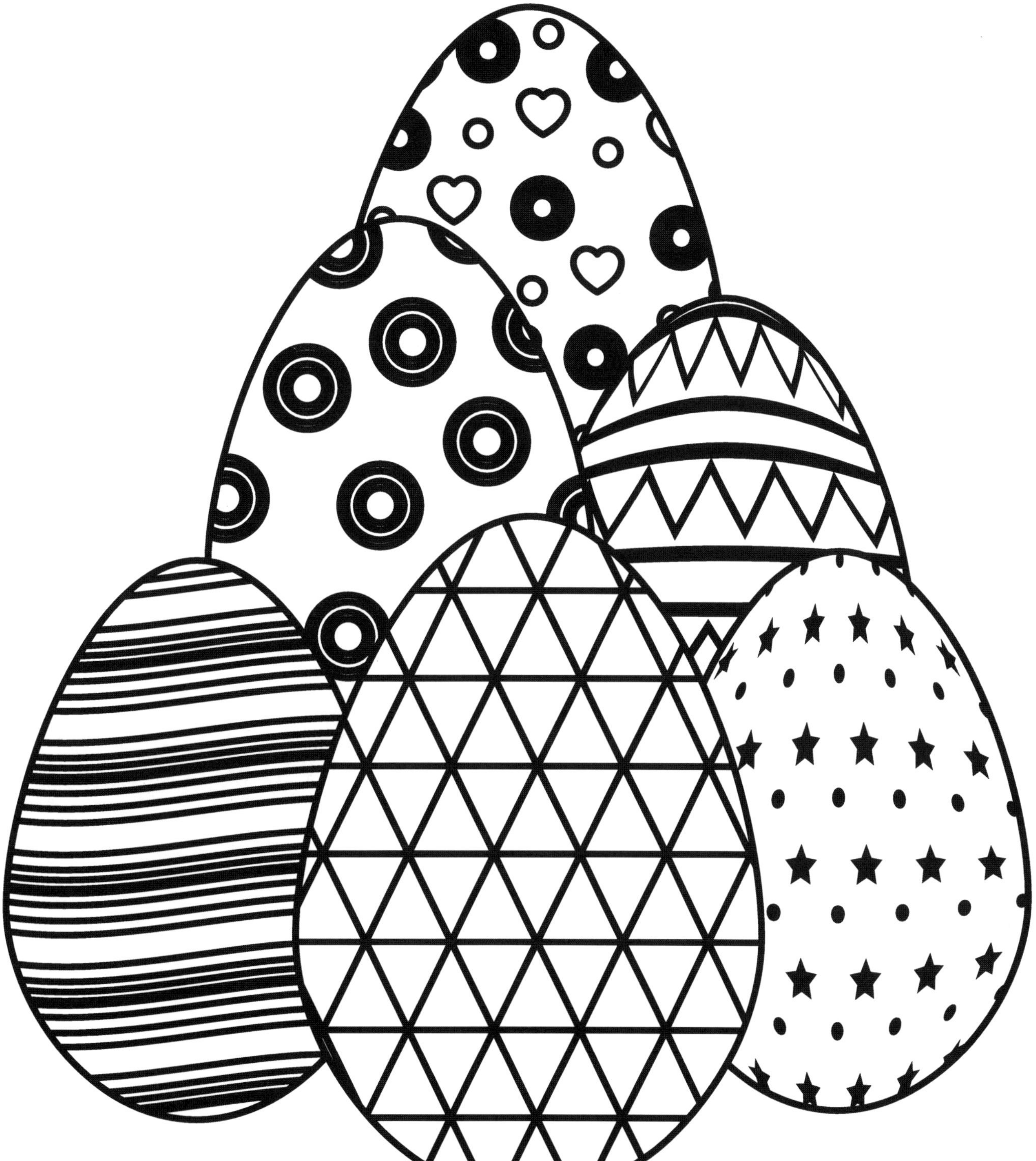

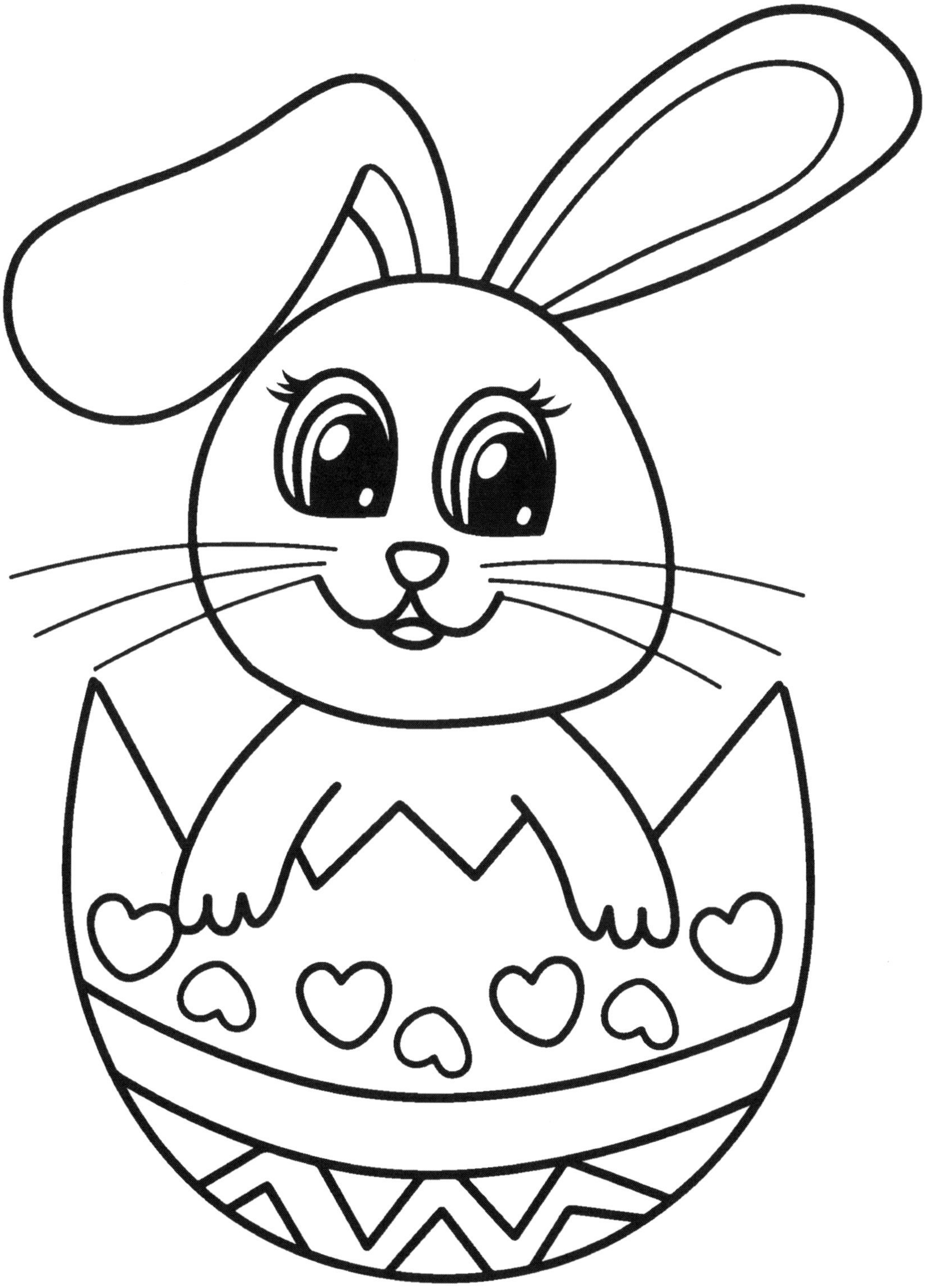

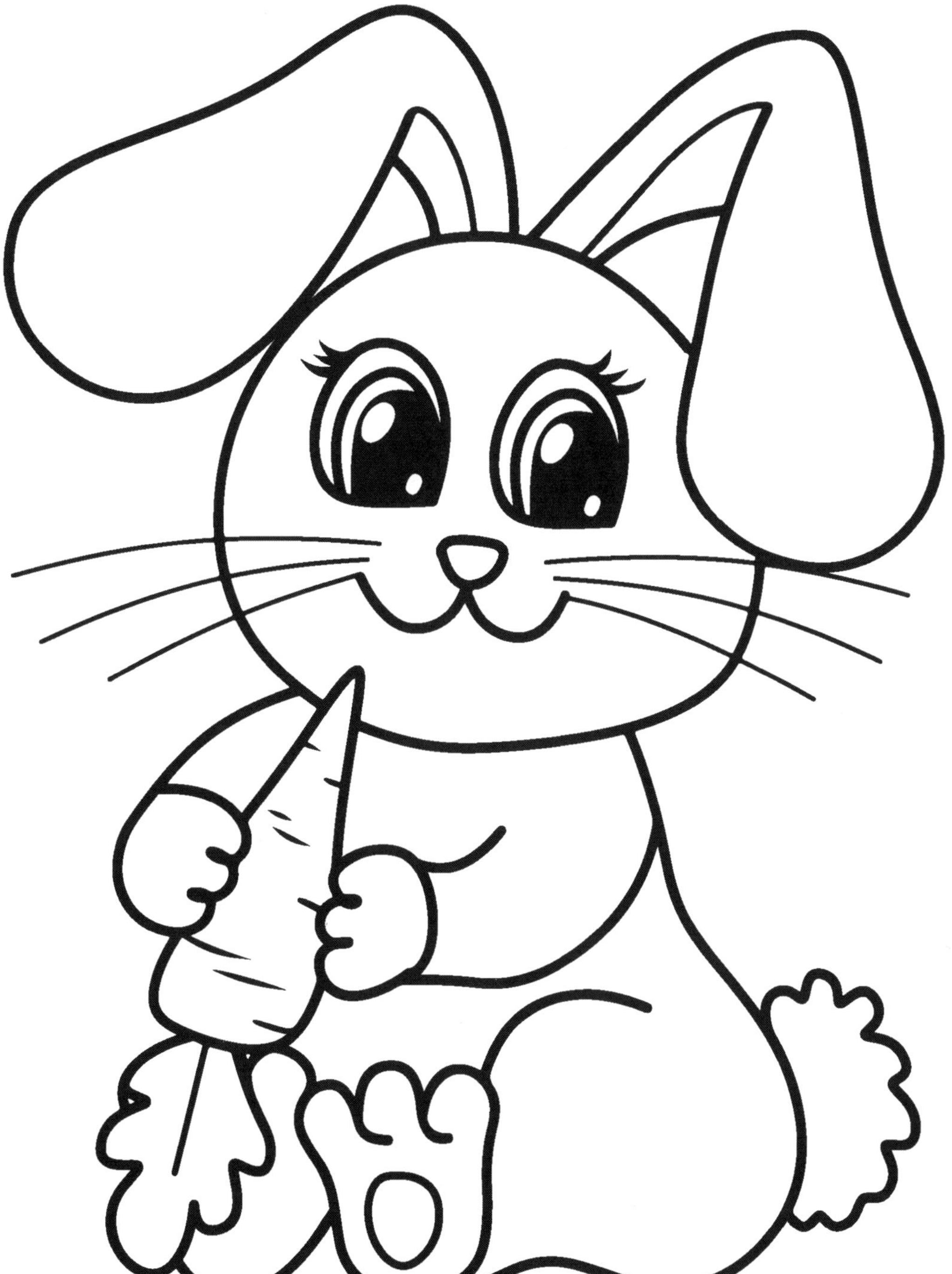

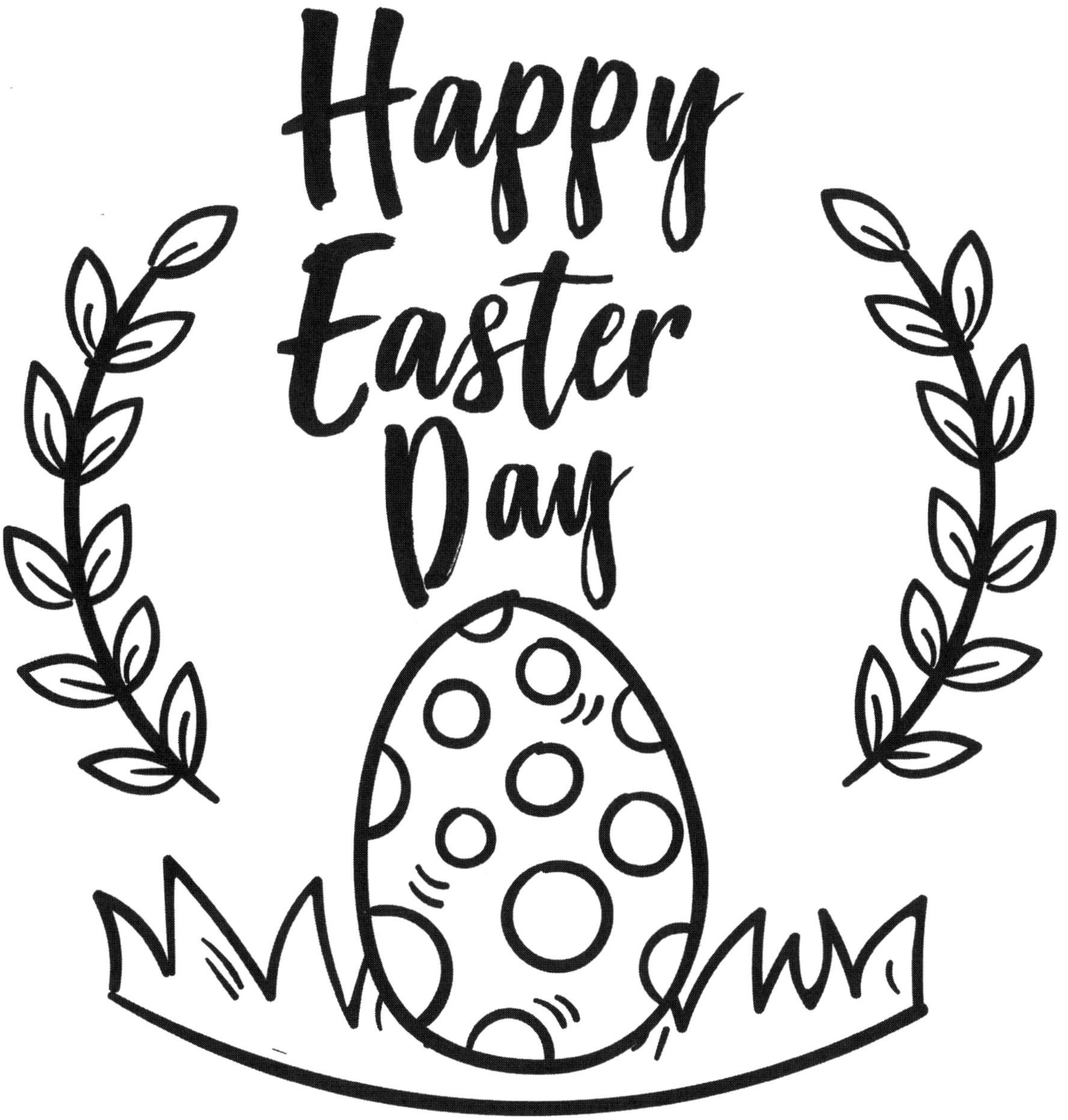
Happy
Easter
Day

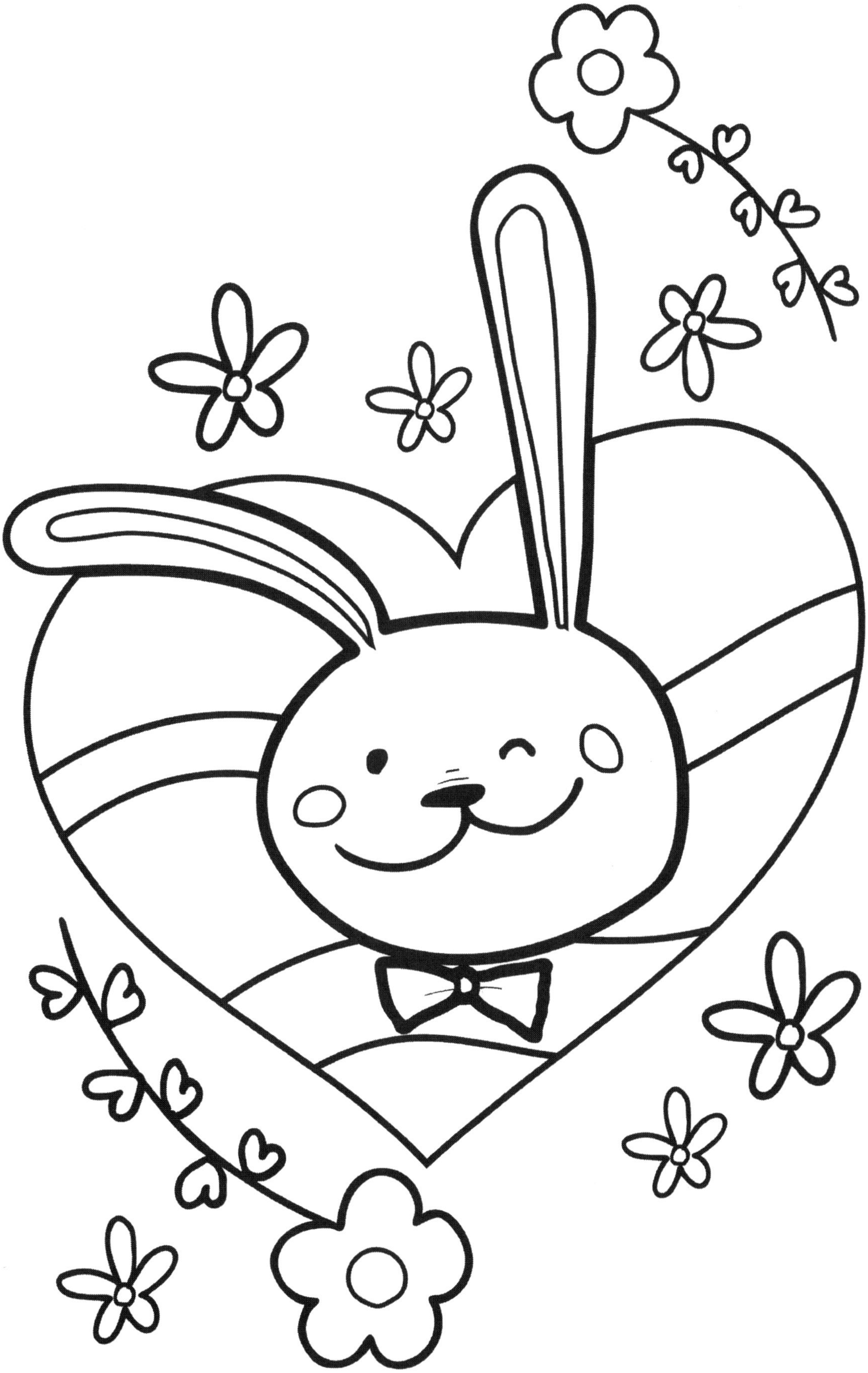

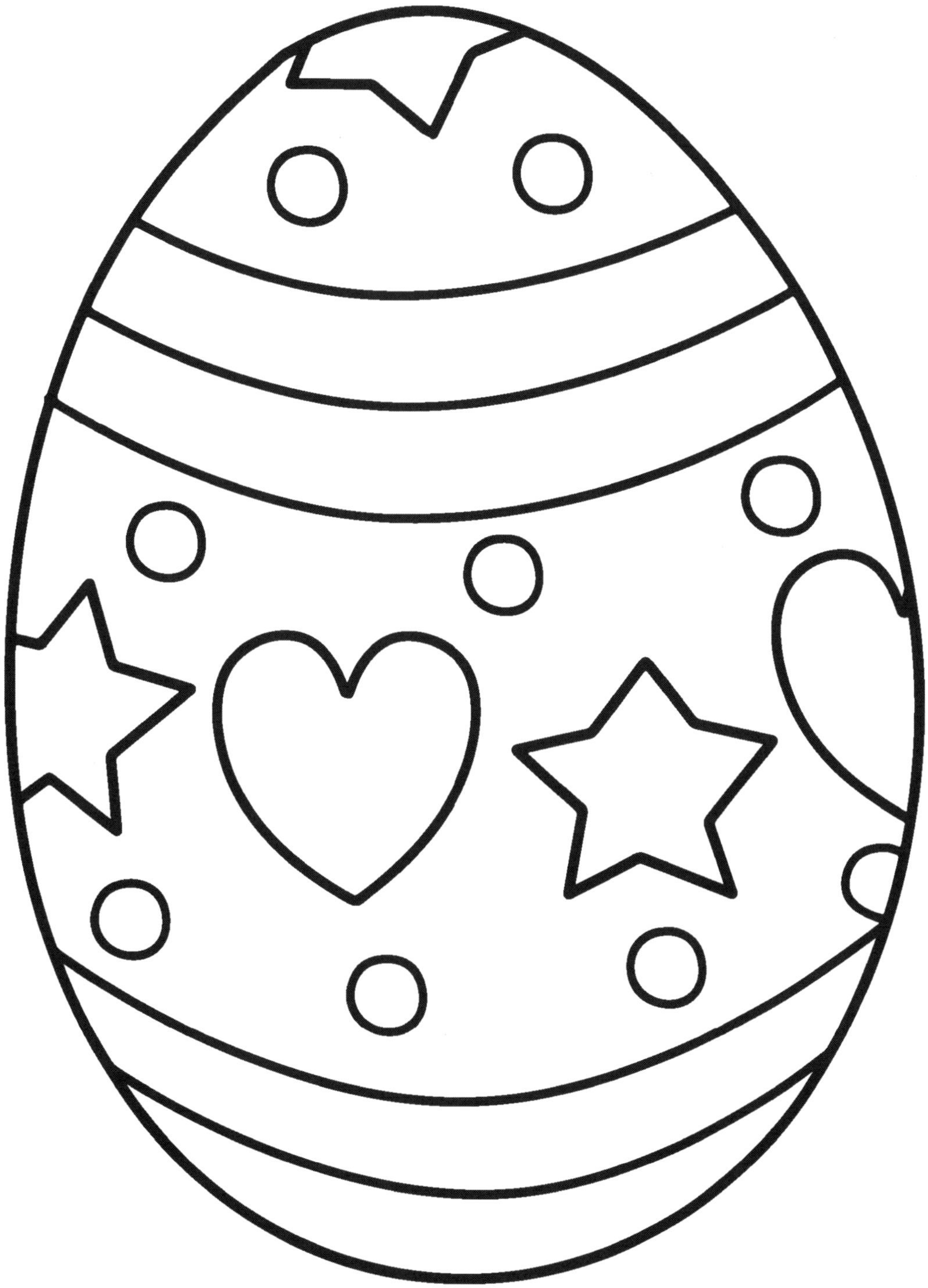

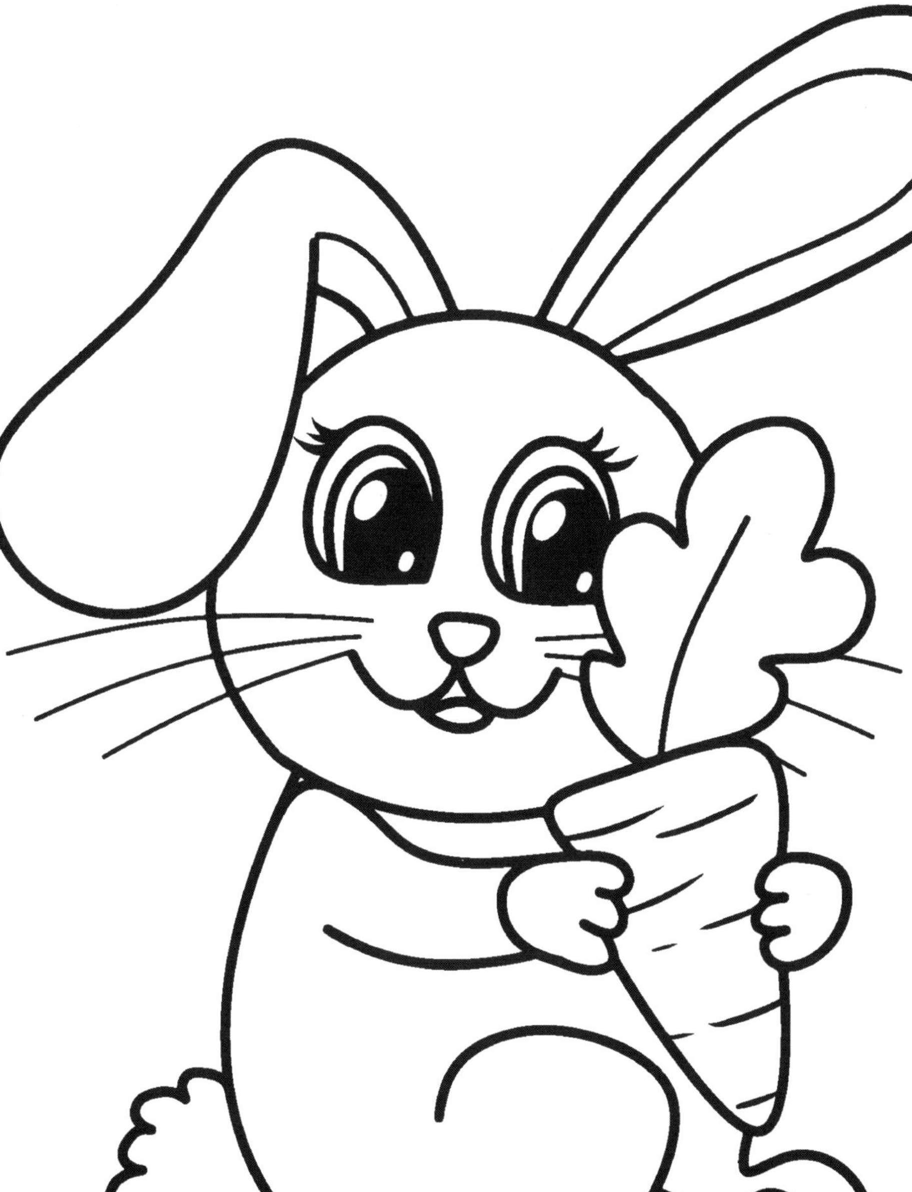

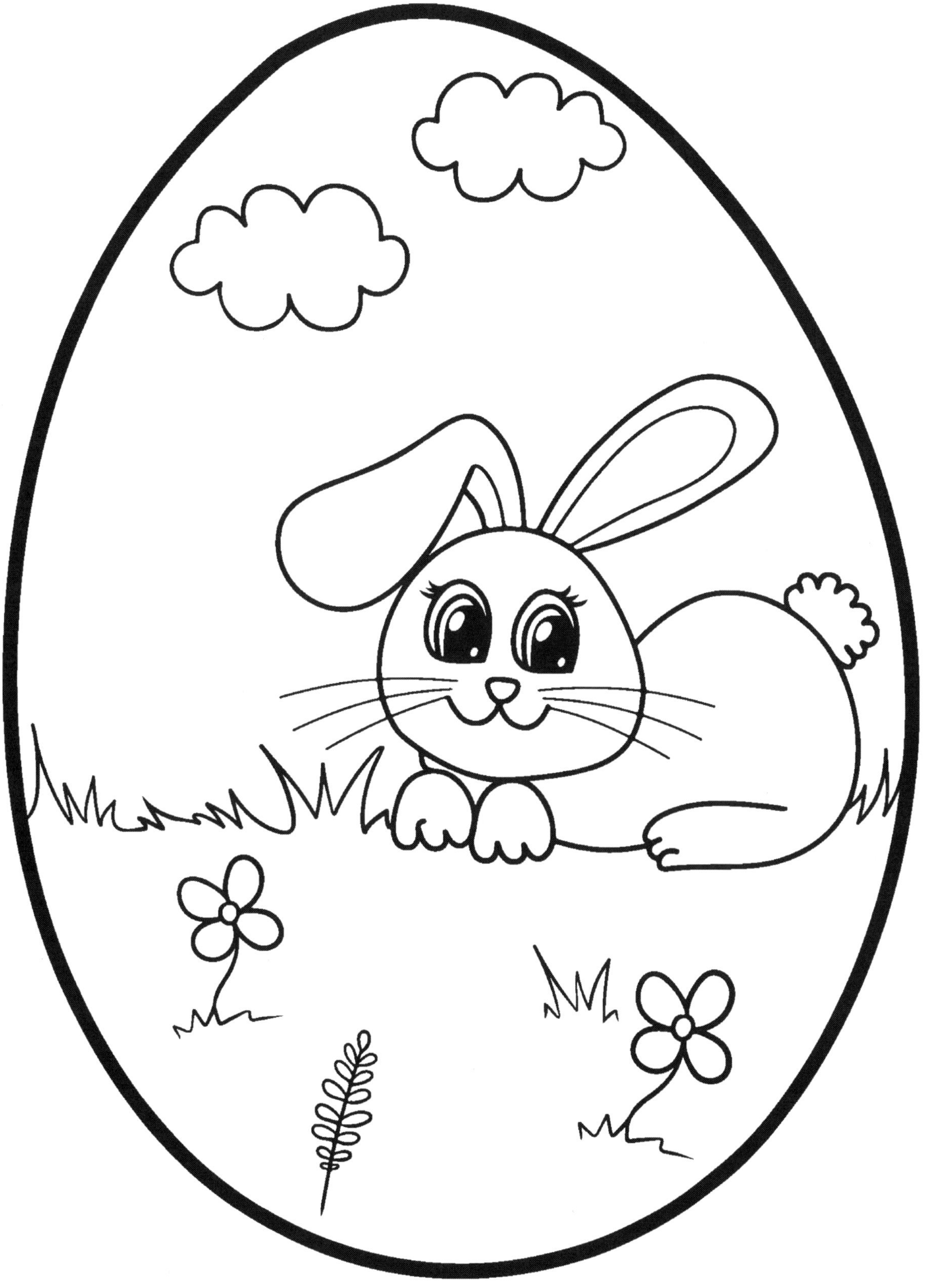

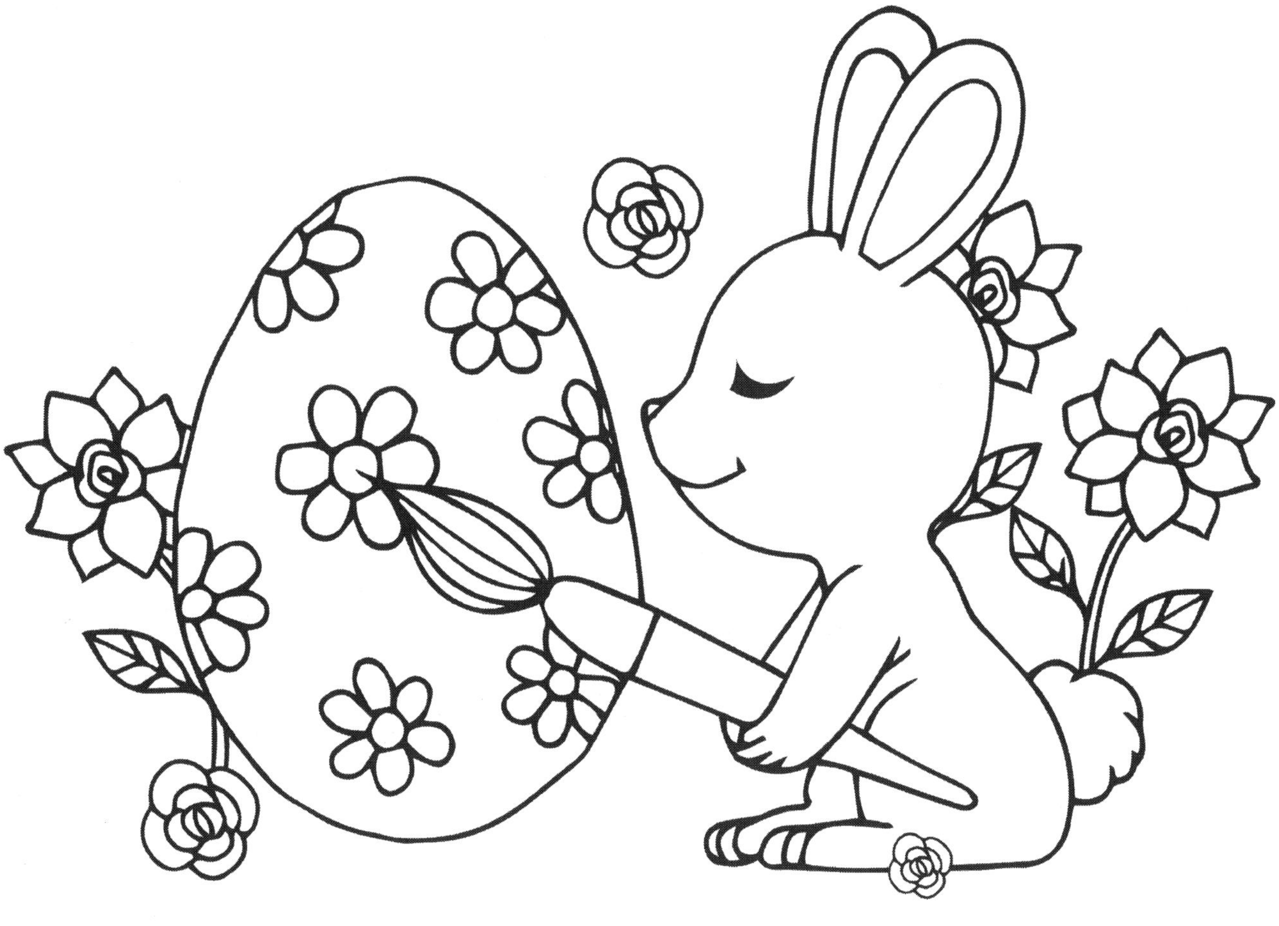

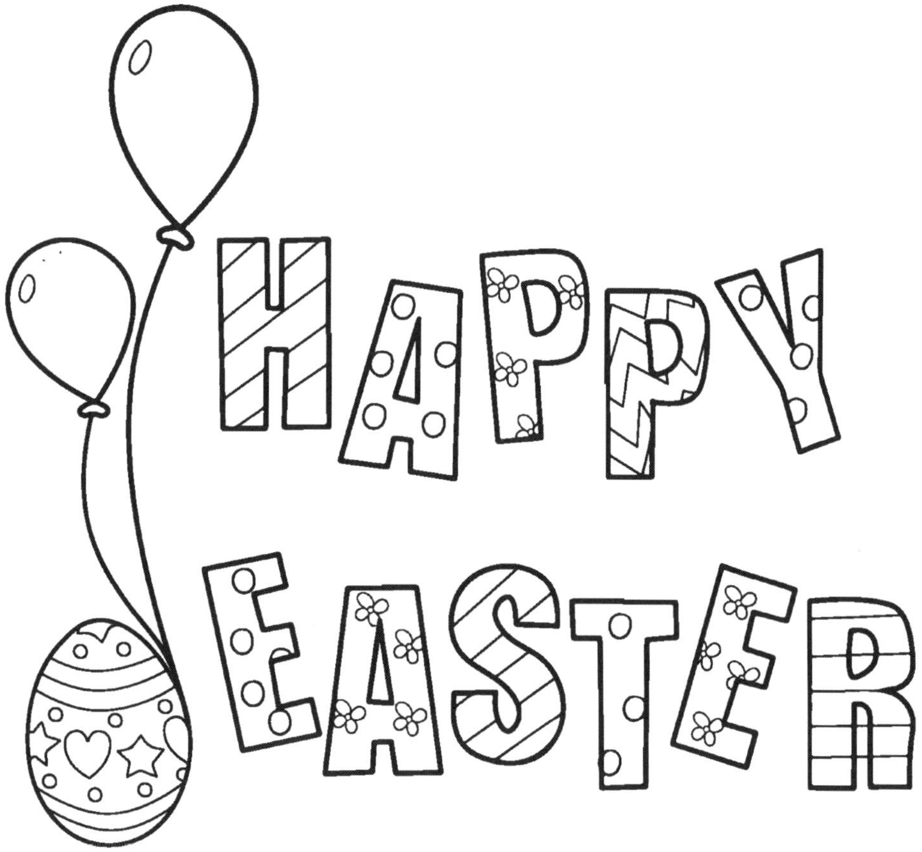
HAPPY
EASTER

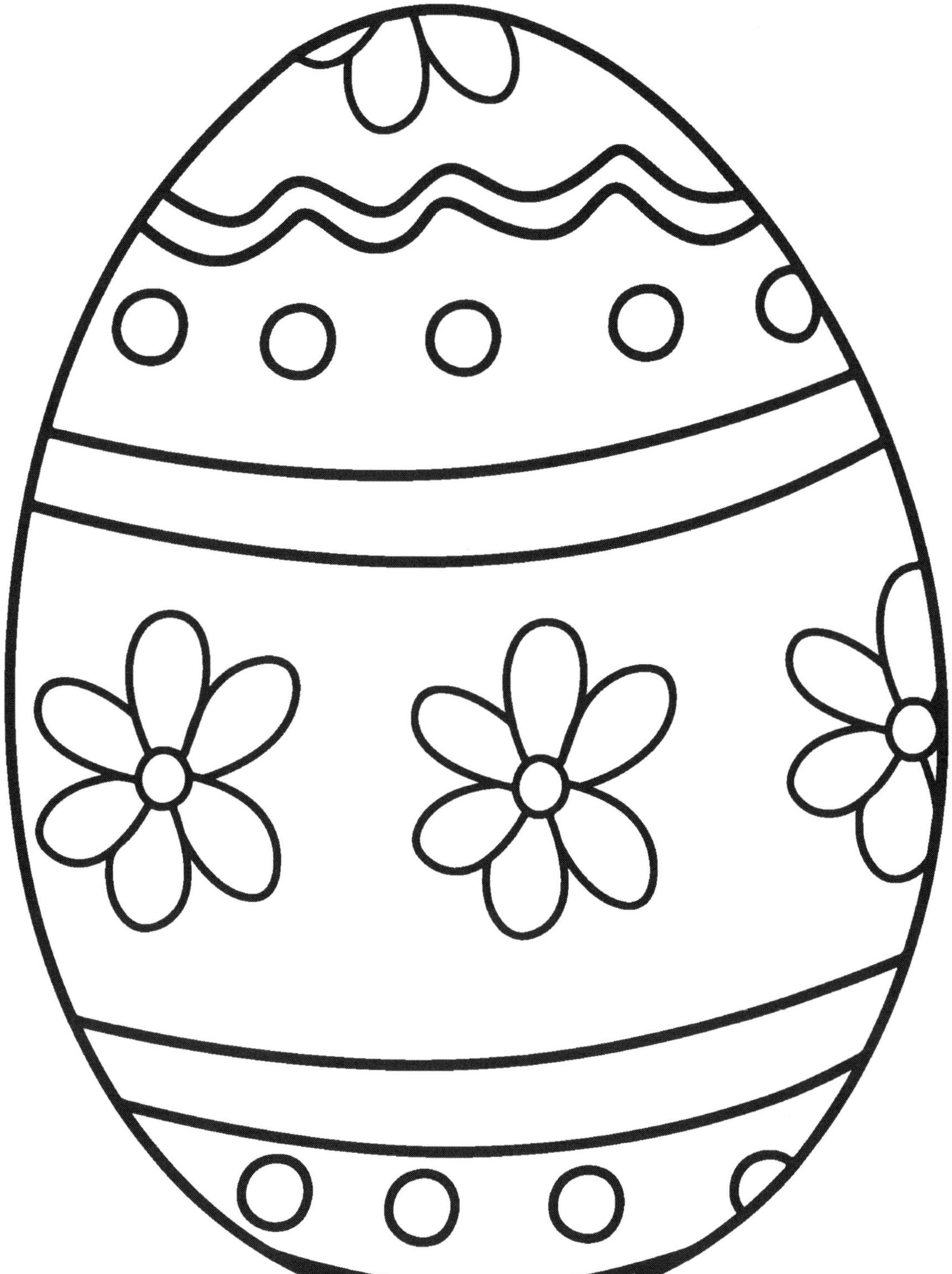

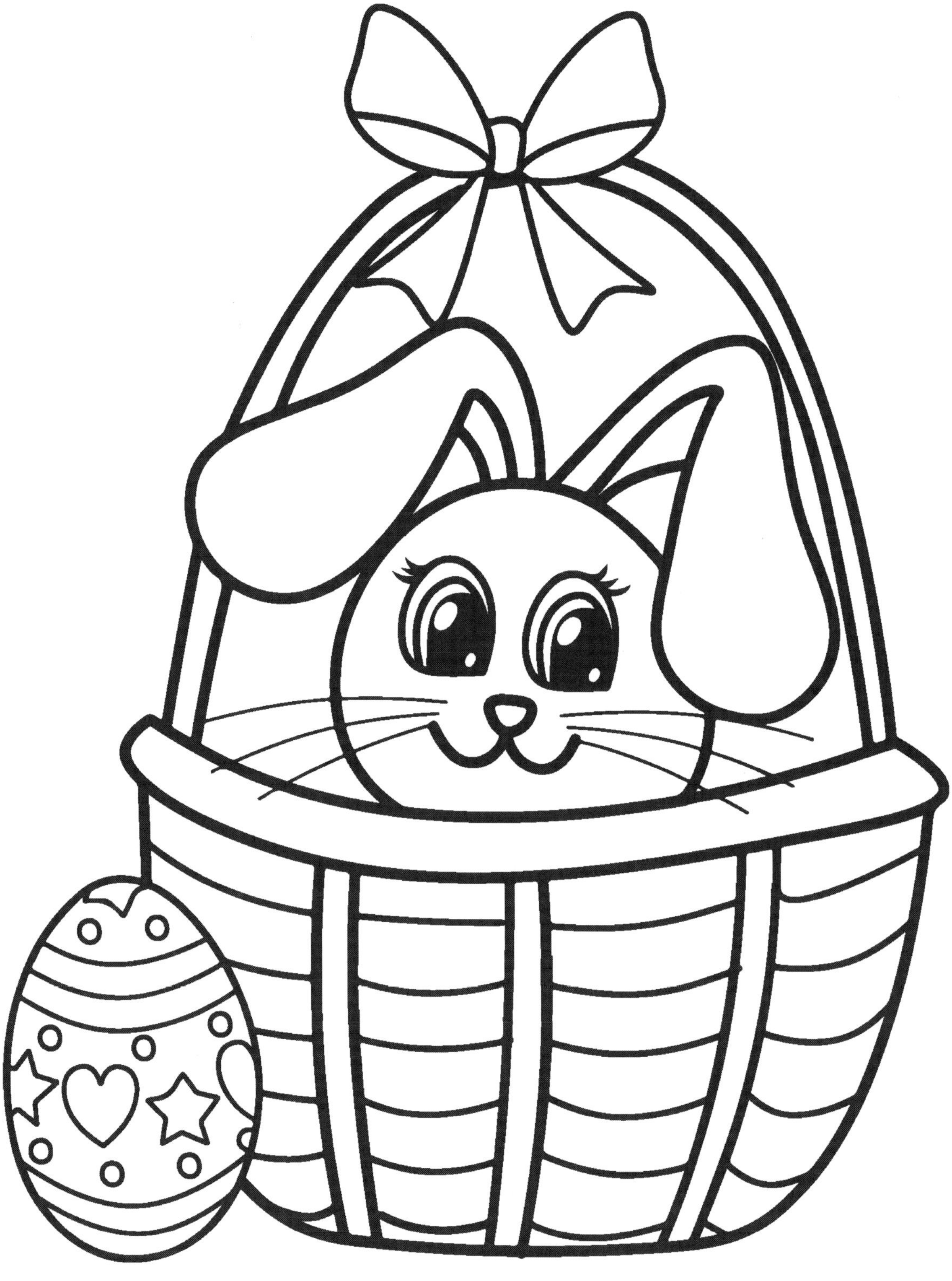

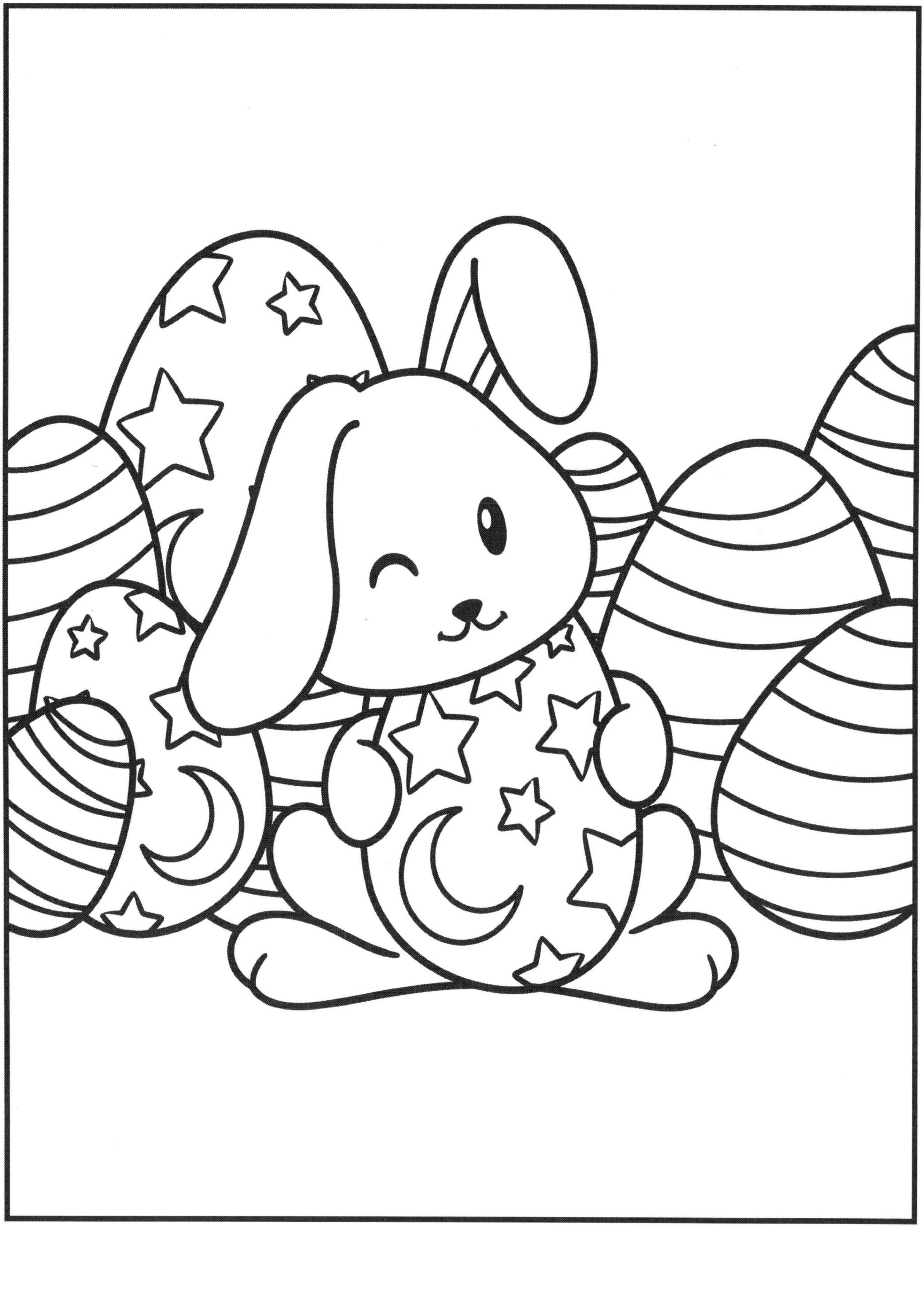

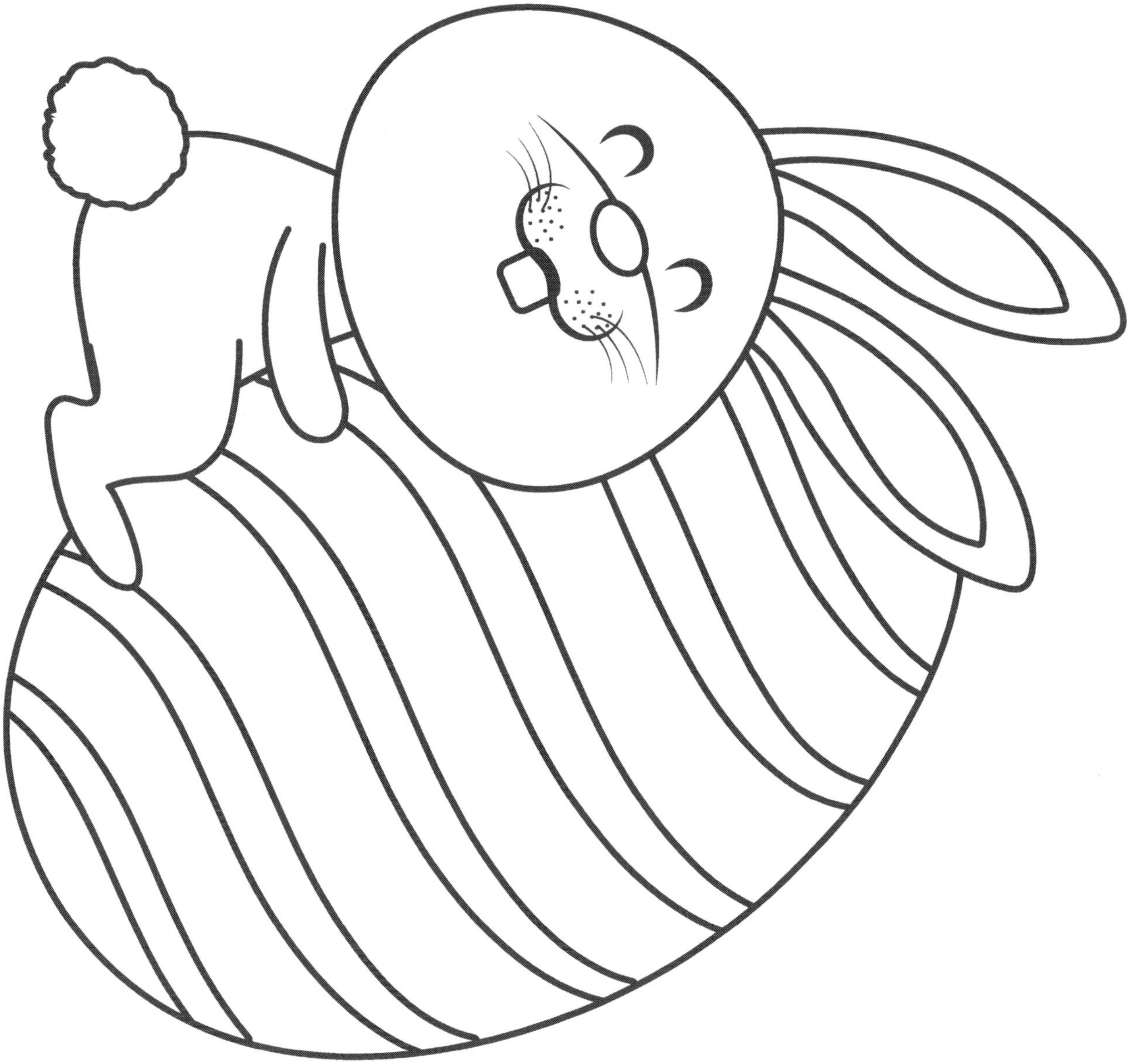

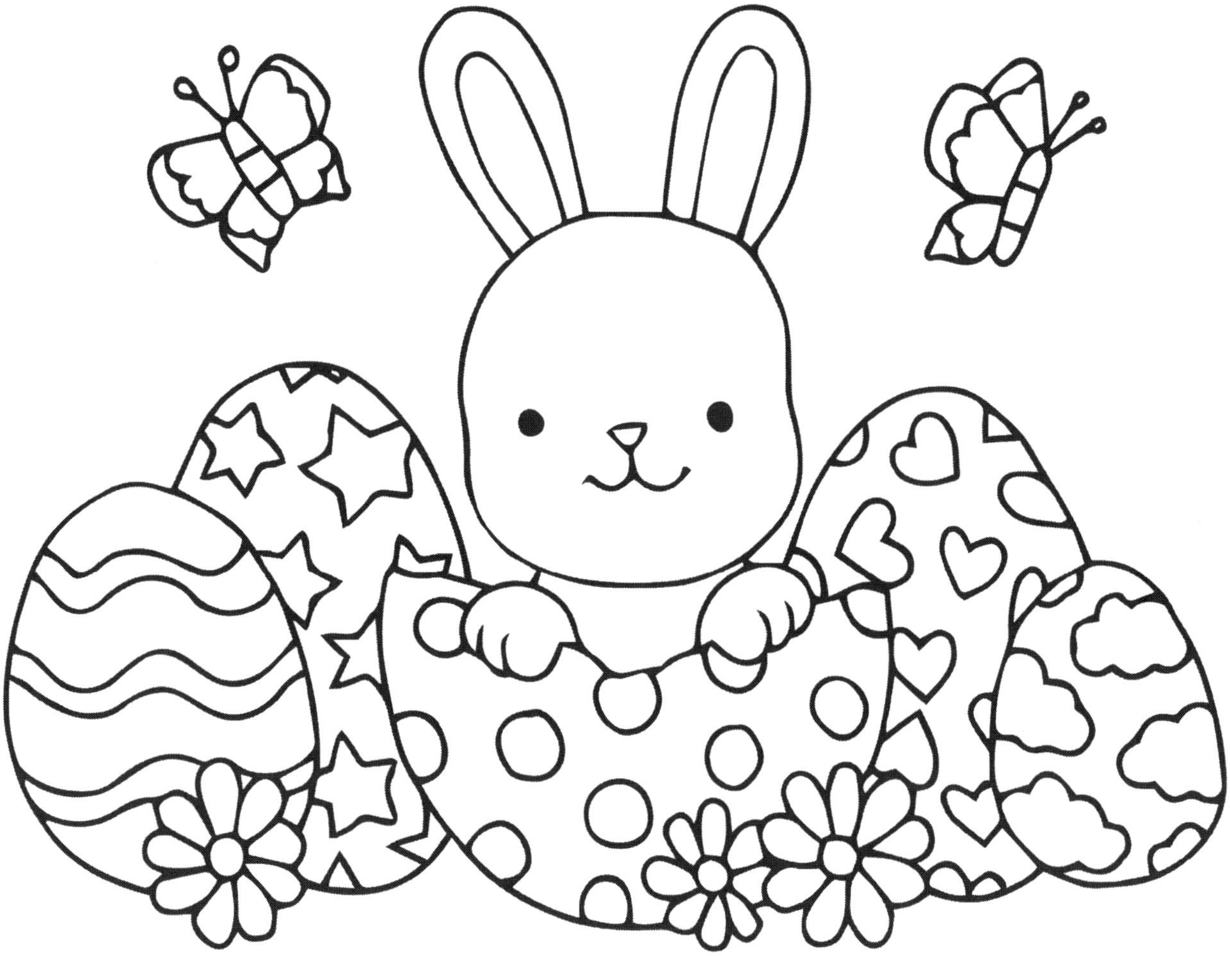

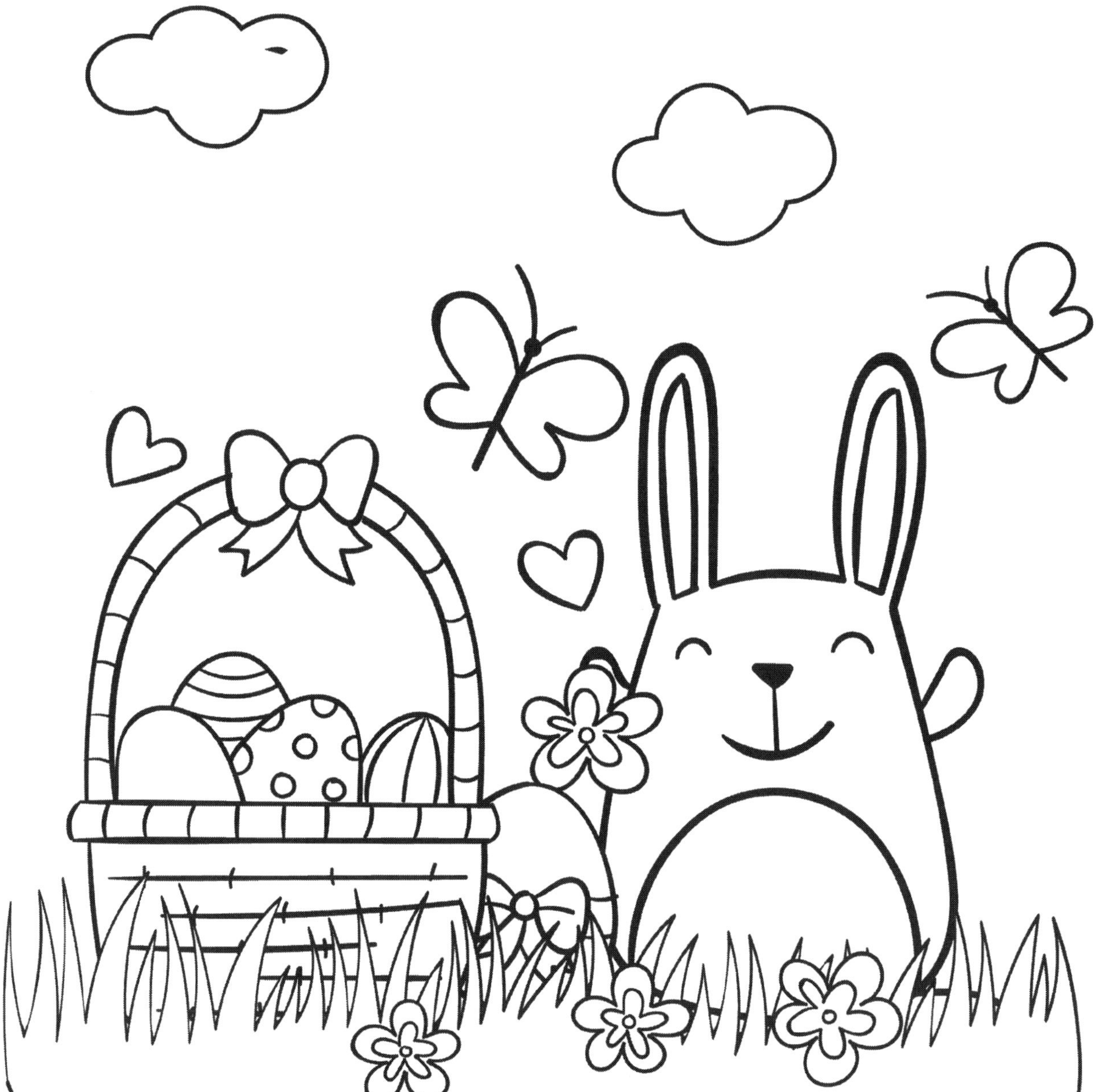

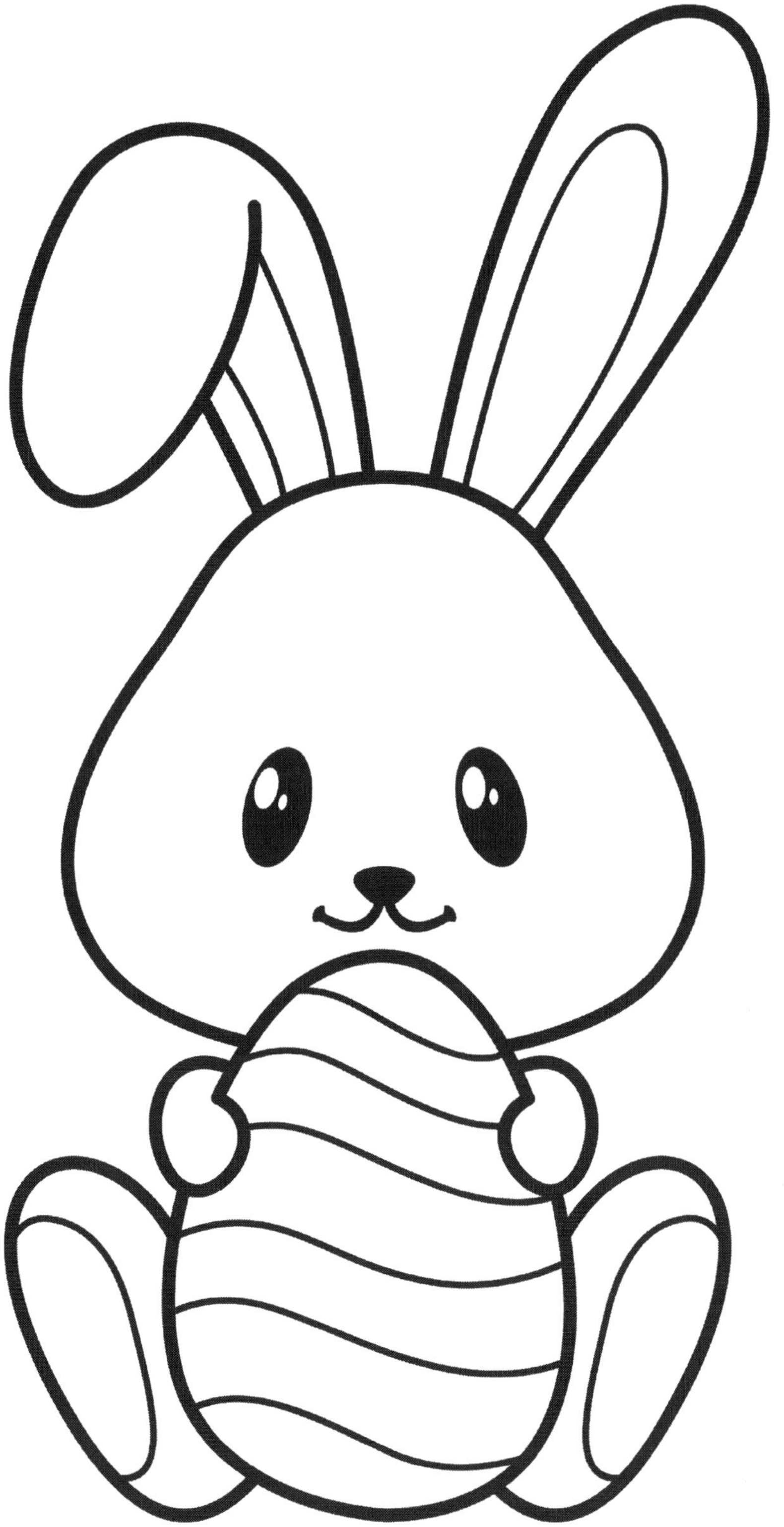

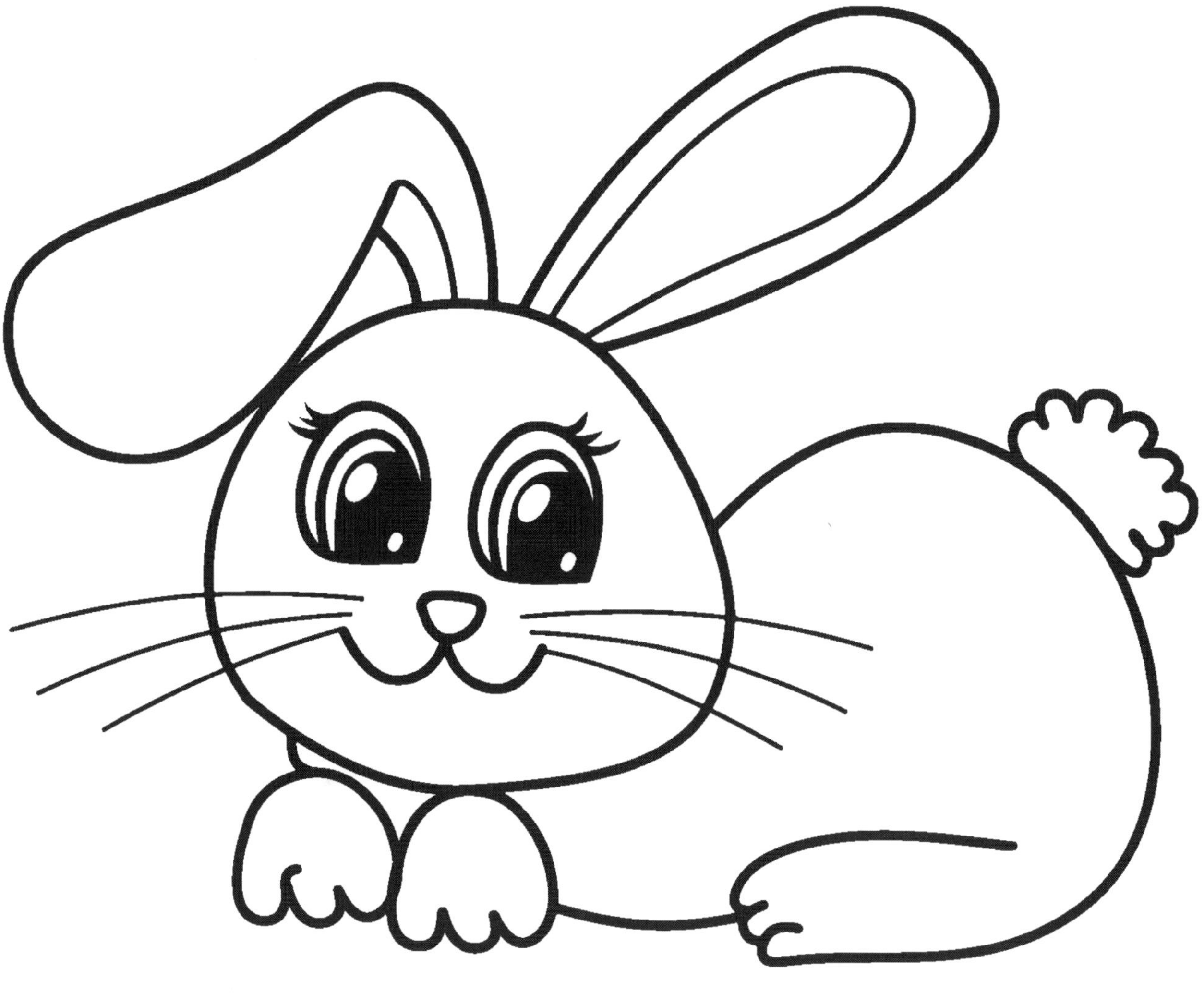

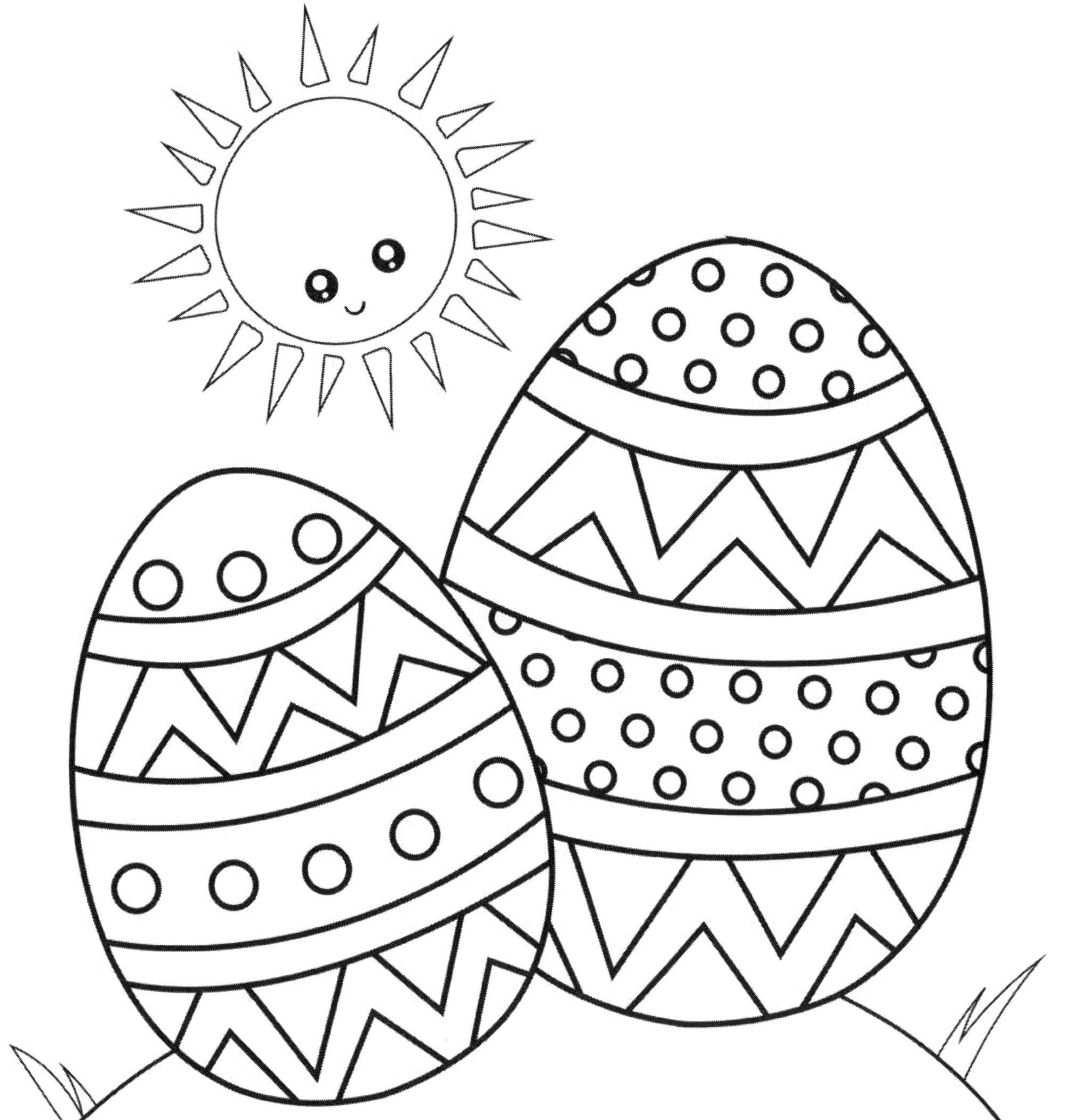

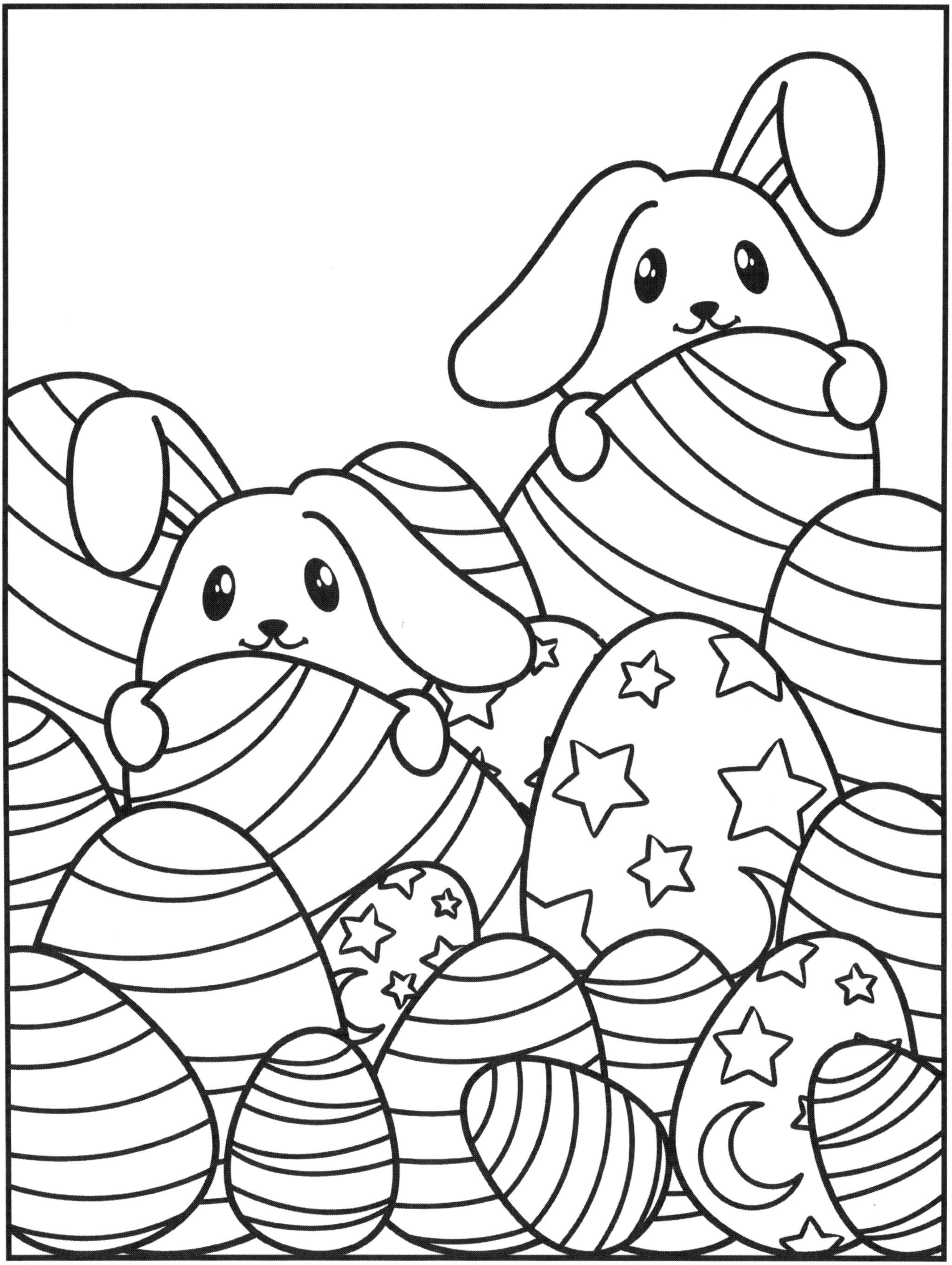

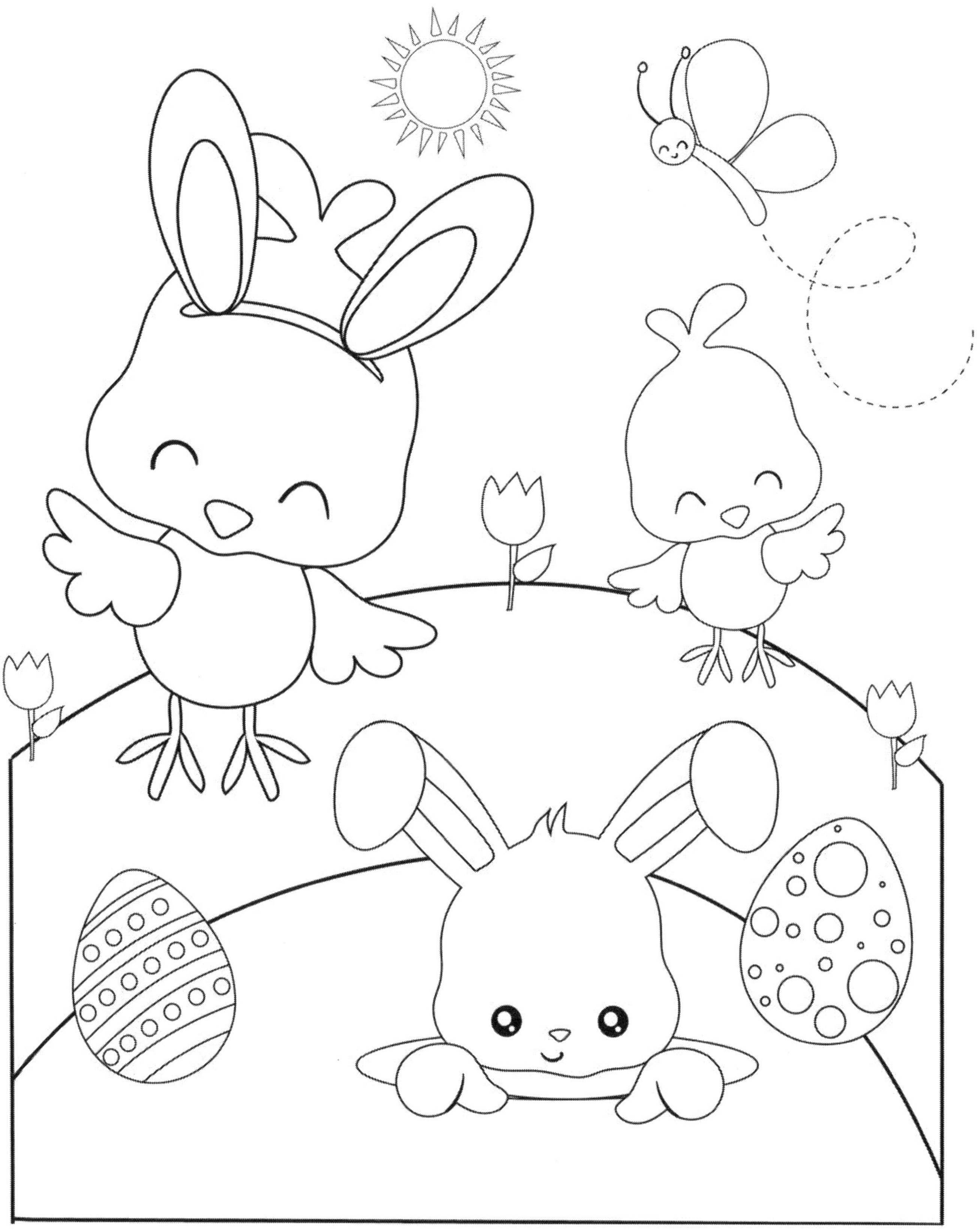

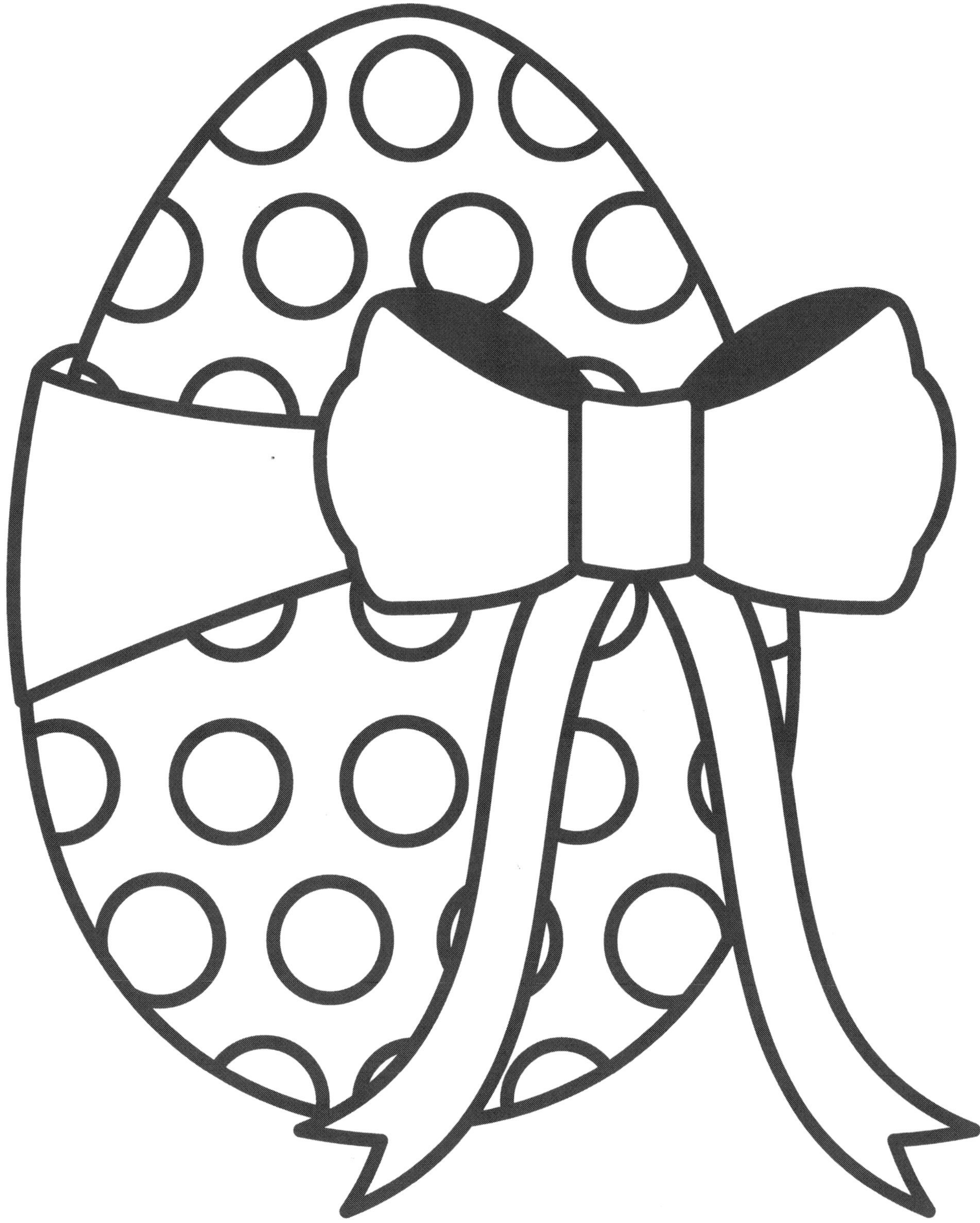

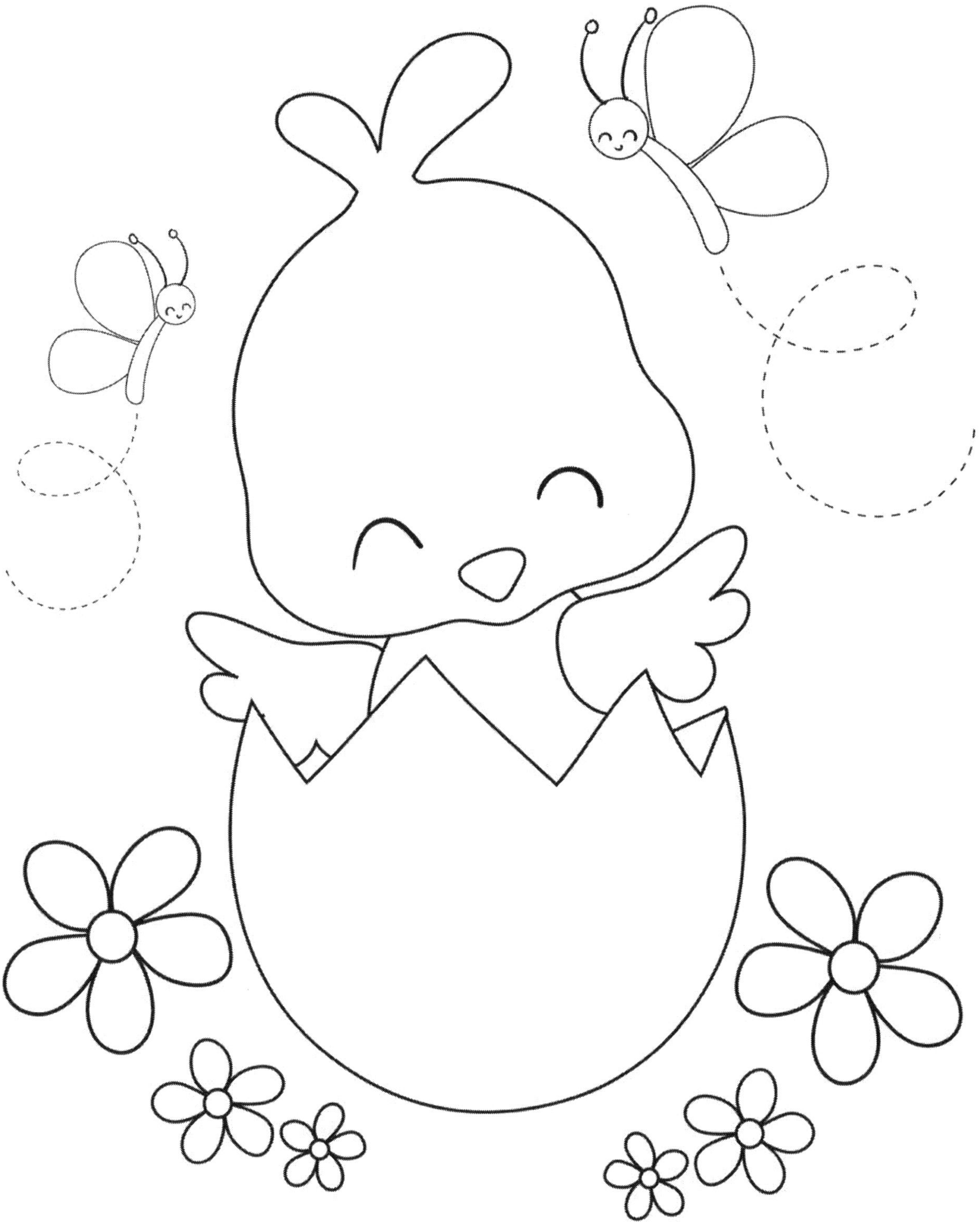

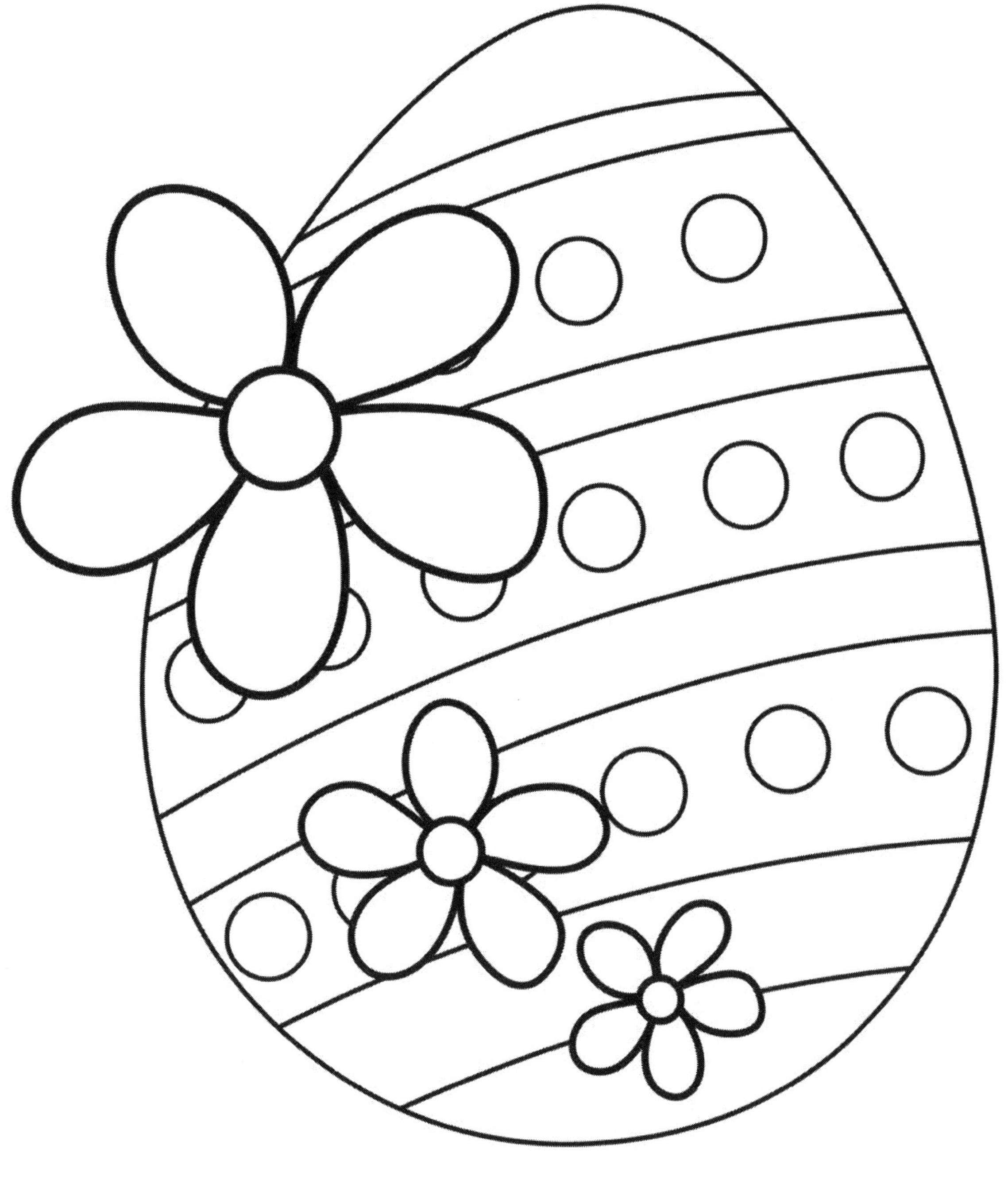

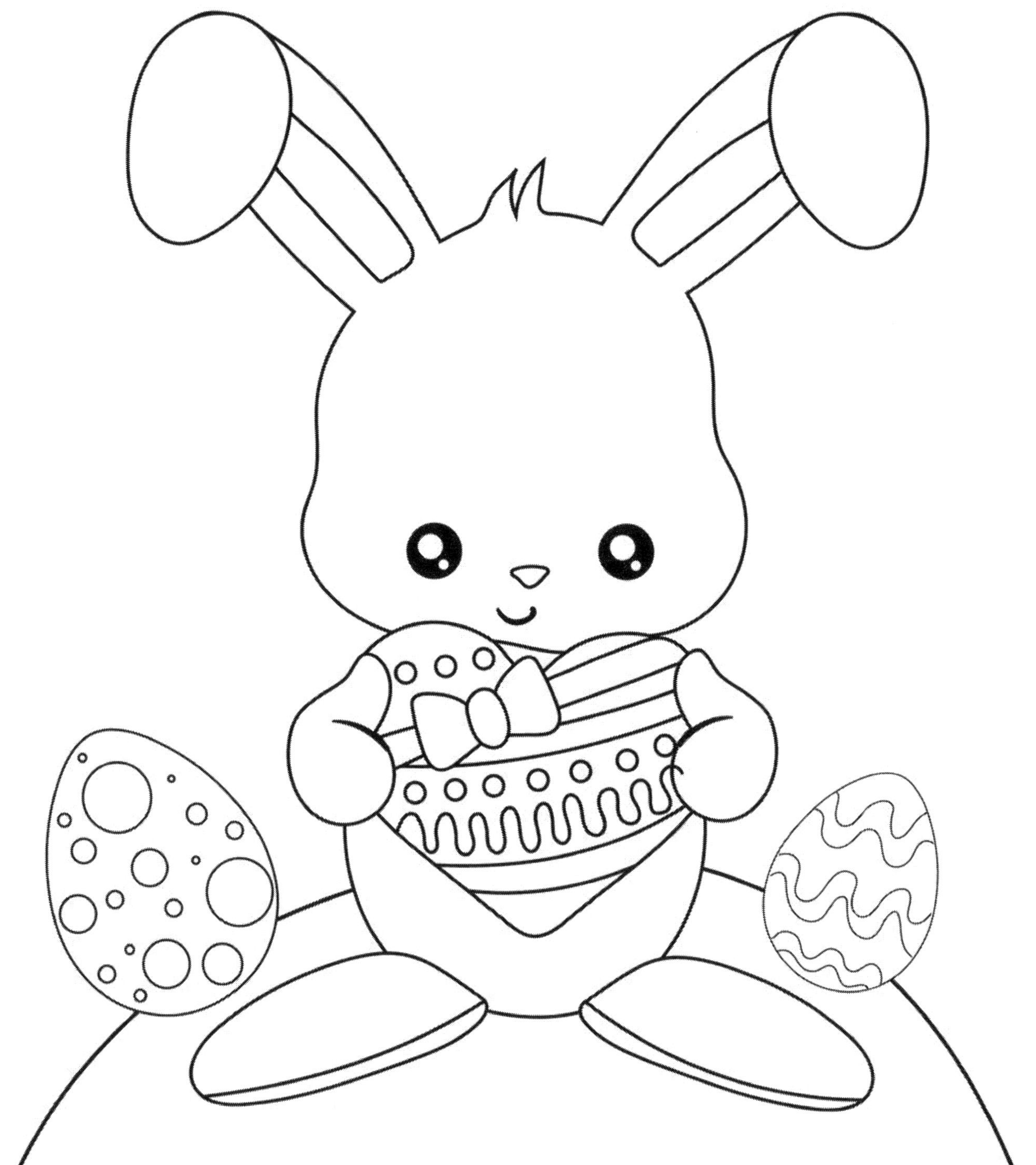

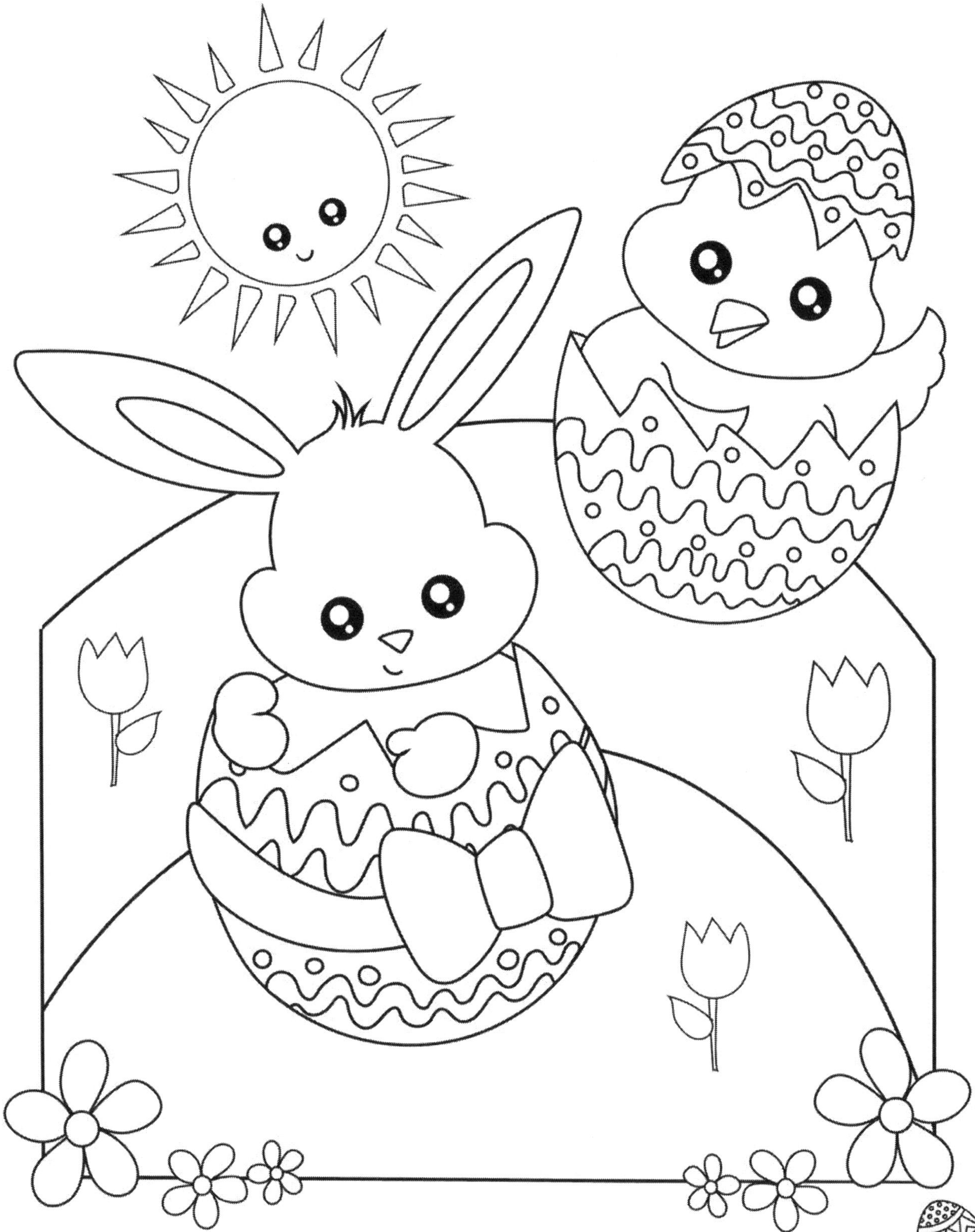

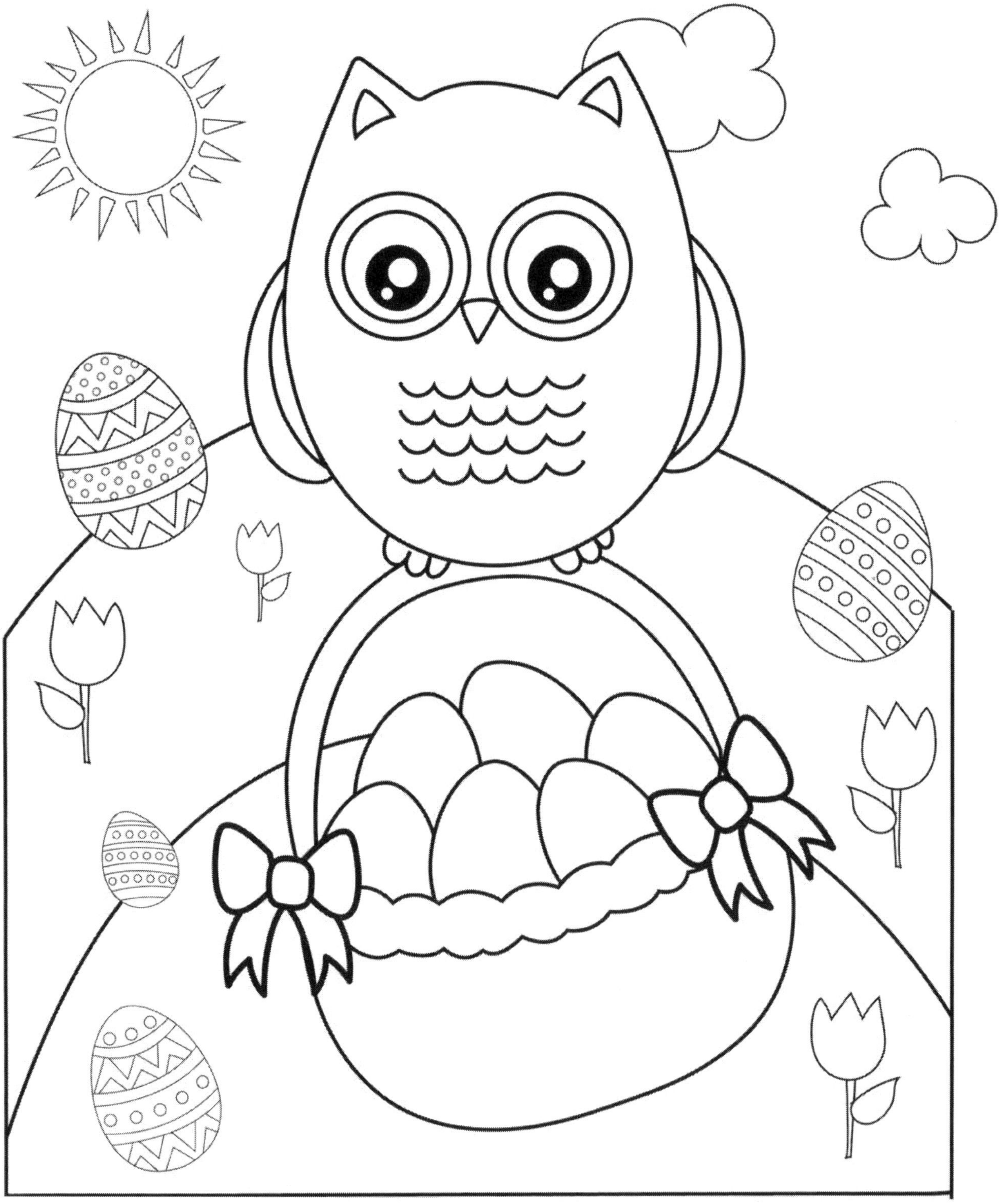

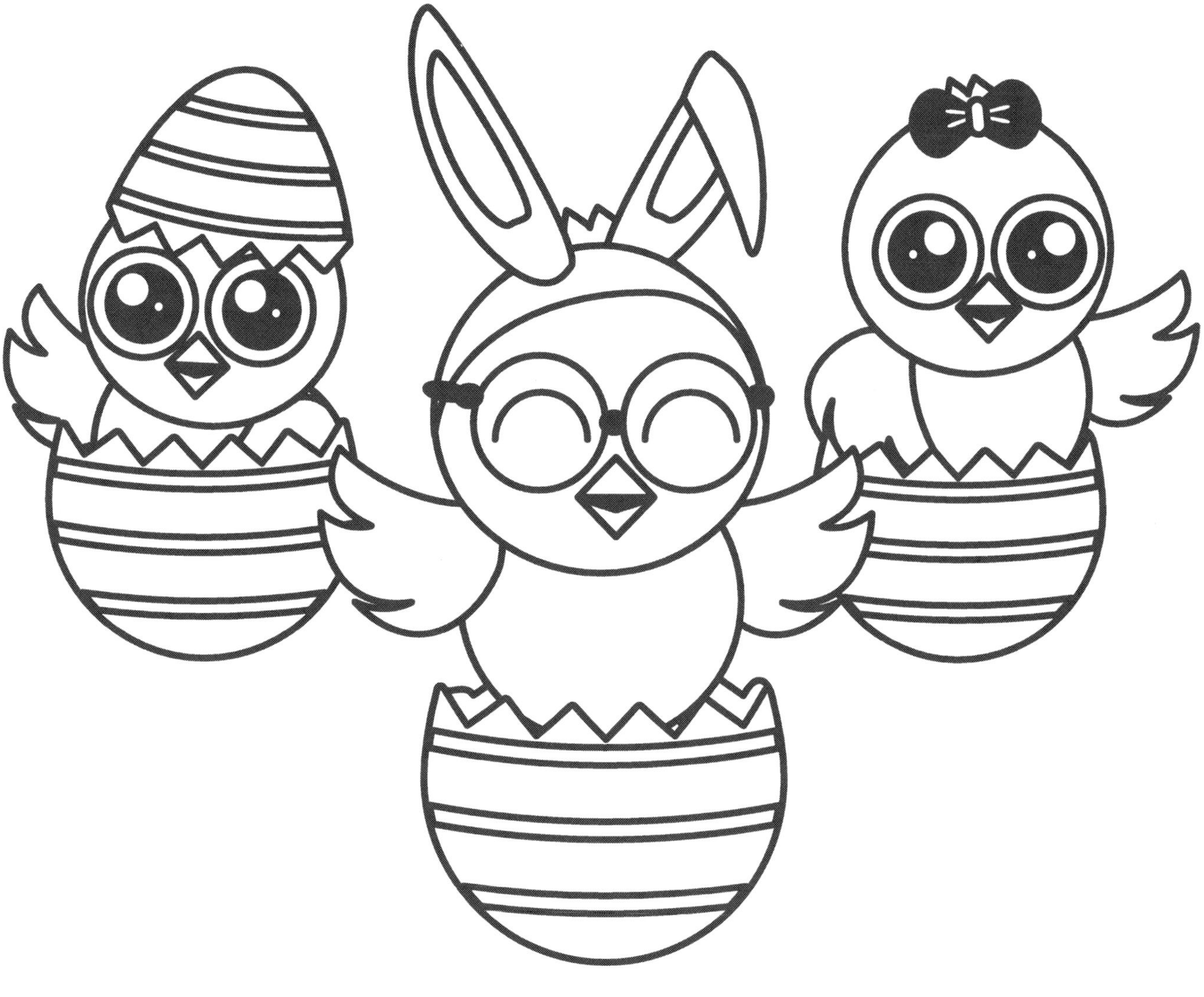

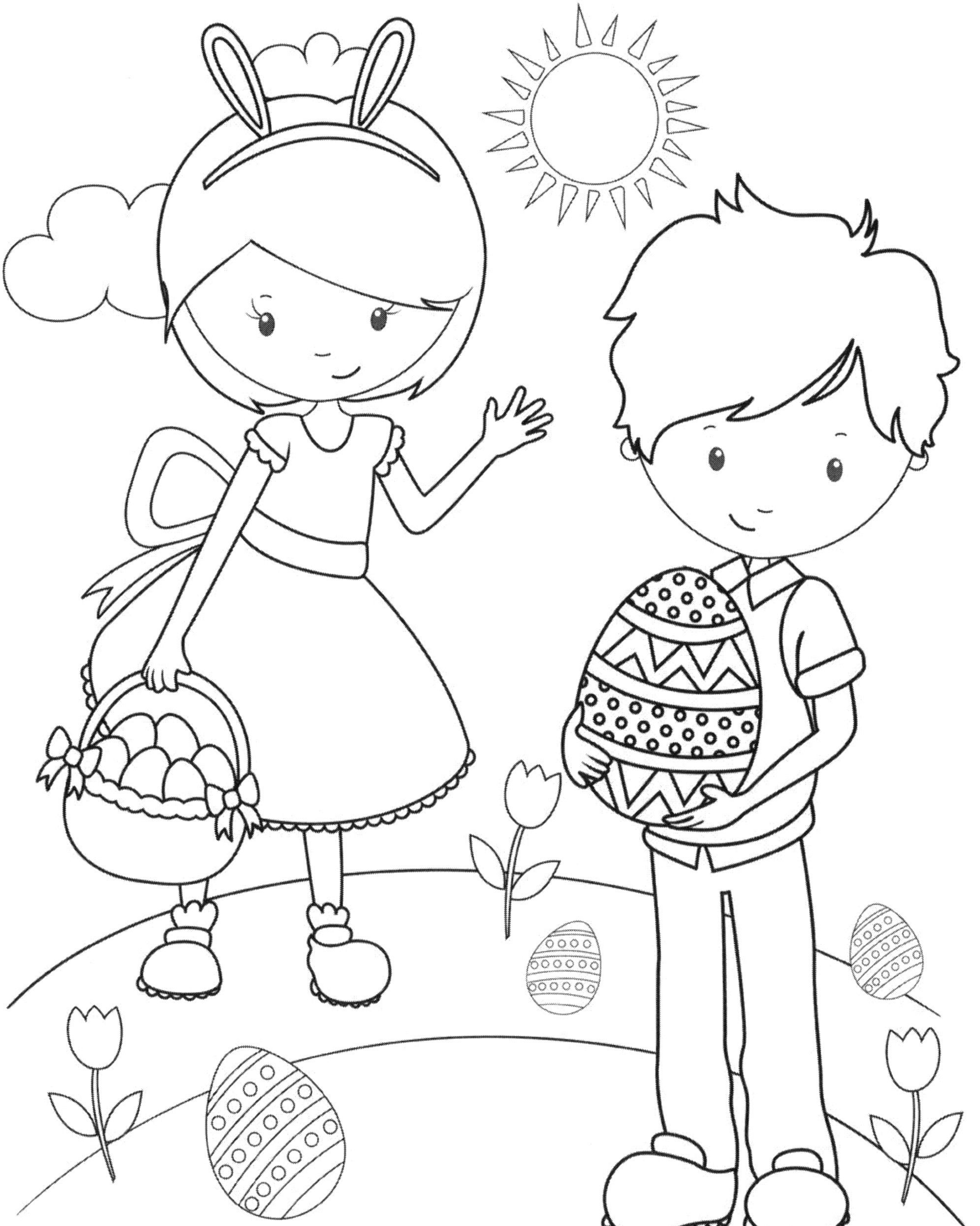

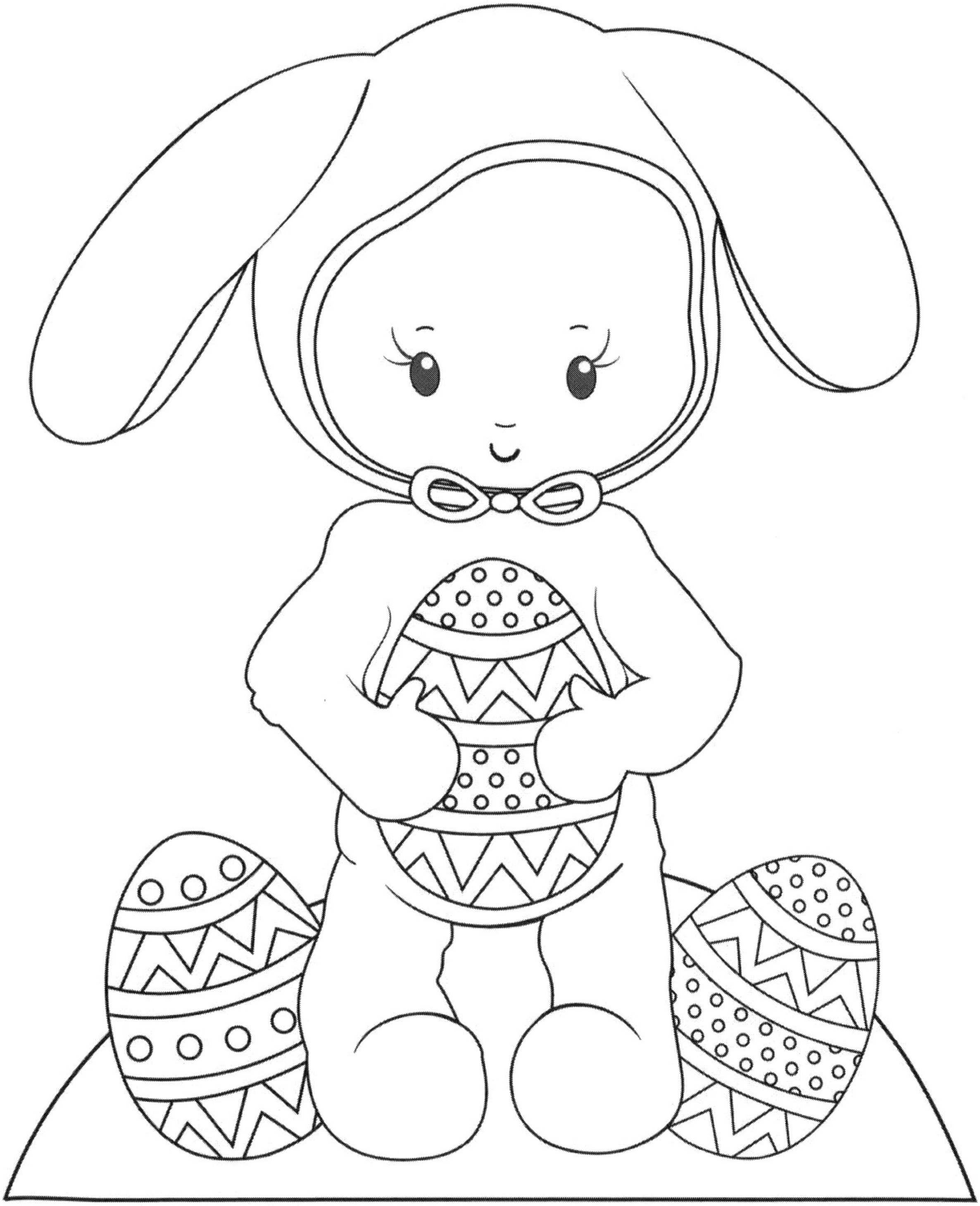

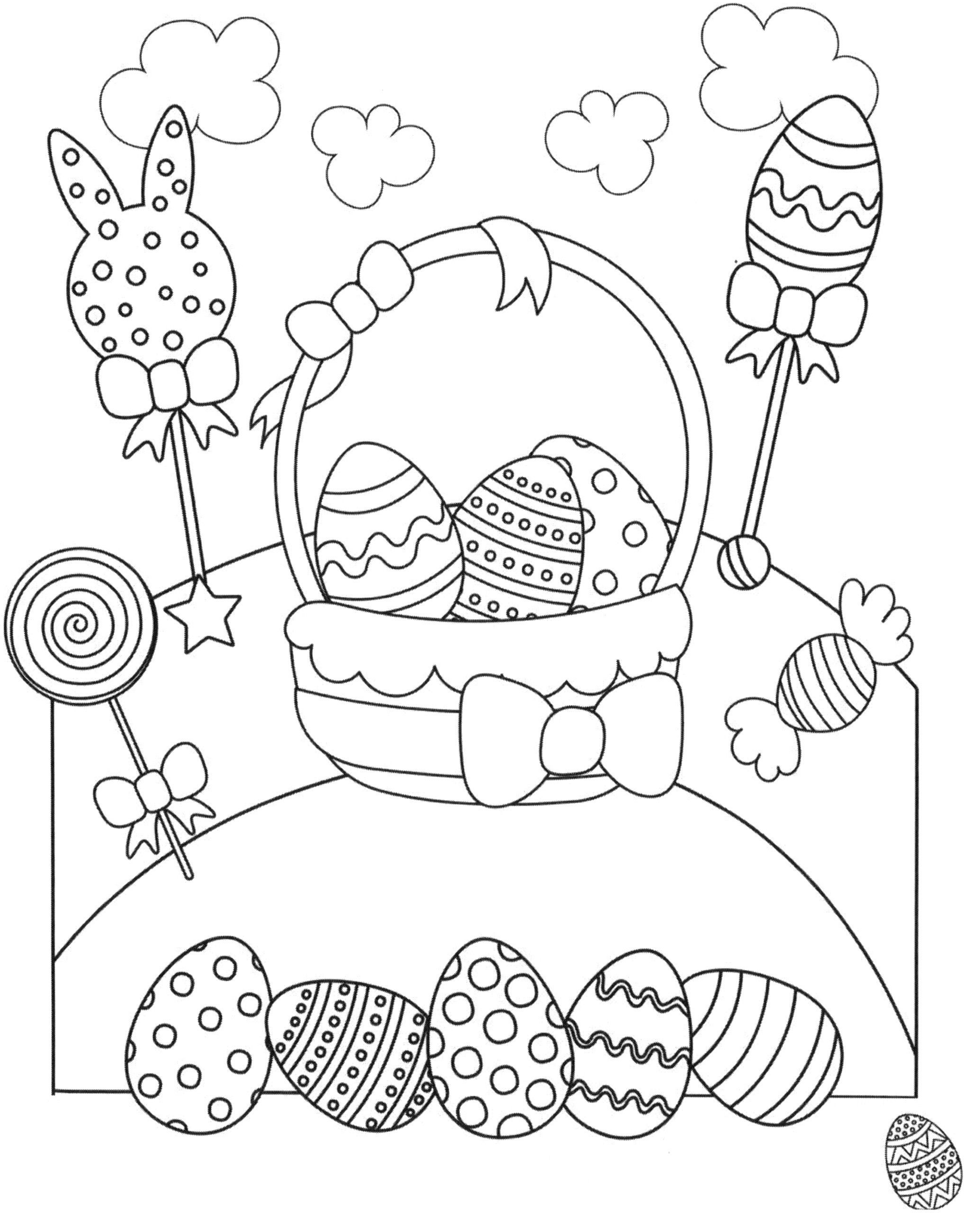

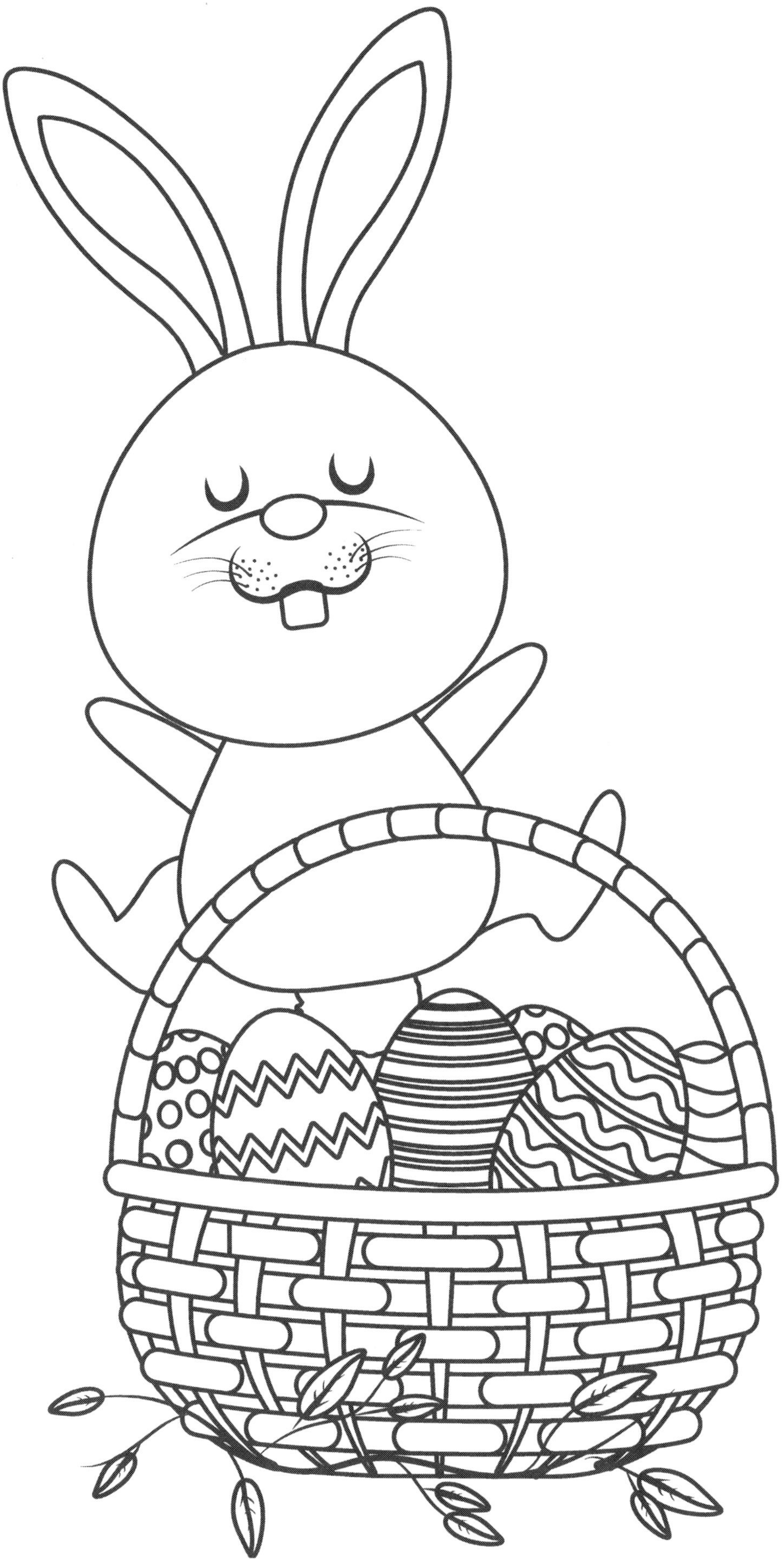

Made in the USA
Columbia, SC
18 April 2025

56815024R00054